Actualizad 2024

LA
CULTURA REVELADA
DEL ANTIGUO EGIPTO

Edición segunda ampliada

Moustafa Gadalla

CONTENIDO

ACERCA DEL AUTOR vii

PRÓLOGO ix

NORMAS Y TERMINOLOGÍA xiii

MAPA DEL ANTIGUO EGIPTO xv

PARTE I : LOS PUEBLOS DE EGIPTO

Capítulo 1 : EL ORIGEN 3
1.1 EL VALLE QUE SE ELEVA 3
1.2 EL PUNTO DE ORIGEN 6
1.3 LA ERA DE LEO Y LA ESFINGE 9
1.4 EL CALENDARIO EGIPCIO 14

Capítulo 2 : El pueblo egipcio 19
2.1 Los invariables egipcios 19
2.2 Las "religiones raciales" 21
2.3 La mentalidad mortal 27
2.4 Los egipcios: los más populosos 29

Capítulo 3 : Los más religiosos 35
3.1 Cosmología y alegorías egipcias 35
3.2 Monoteísmo y politeísmo 36
3.3 Simbolismo animal 37
3.4 La creación del universo 38

Capítulo 4.: El orden social y político 41

4.1. Sociedad matrilineal/matriarcal 41
4.2. Las comunidades matrilocales 42
4.3. El sistema de república comunitaria 45
4.4. El sistema dual de supervisión/administración 47
4.5. Orden de documentación 49

PARTE II : LAS CORRELACIONES CÓSMICAS

Capítulo 5.: Como es arriba, es abajo 55

5.1. Consciencia cósmica 55
5.2. Las festividades de renovación cíclica 58

Capítulo 6.: El faraón, el vínculo cósmico 61

6.1. El Amo Siervo 61
6.2. El gobierno del pueblo 62
6.3. El rey victorioso 63

Capítulo 7.: Los templos egipcios 67

7.1. La función/objetivo del templo 67
7.2. El código de construcción 69
7.3. Los parámetros de diseño armónico 70

PARTE III : LOS EGIPCIOS ERUDITOS

Capítulo 8.: El lenguaje divino 75

8.1. El lenguaje de la madre divina 75
8.2. La forma de escritura alfabética 77
8.3. La imaginería y los modos de escritura alfabética 79
8.4. Los símbolos/caligrafía metafísica pictórica 80
8.5. El lenguaje sofisticado 82

Capítulo 9.: El patrimonio musical egipcio 85

9.1. El patrimonio musical 85
9.2. Las orquestas musicales 87
9.3. El baile y el ballet 89

Capítulo 10 : La salud y la medicina 93

10.1 El prestigio internacional 93
10.2 La profesión médica 94
10.3 La biblioteca médica 97
10.4 Las curas y las prescripciones 101

Capítulo 11 : La astronomía 105

11.1 Kepler y la astronomía egipcia 105
11.2 Las observaciones y registros astronómicos 106
11.3 El ciclo zodiacal 112

Capítulo 12 : La geometría y las matemáticas 119

12.1 La geometría sagrada y las ciencias naturales 119
12.2 La geodesia 122
12.3 Las matemáticas y la numerología 122
12.4 Los "ratios" sagrados 128

PARTE IV : LA ECONOMÍA DINÁMICA

Capítulo 13 : La cultura del cultivo 133

13.1 Agricultura de clima seco 133
13.2 División del trabajo 137
13.3 El destino innato (historia genética) 140
13.4 La comunidad agrícola 141

Capítulo 14 : Las industrias de fabricación 143

14.1 El conocimiento egipcio de la metalurgia y la 143
siderurgia
14.2 Los productos de la aleación de plata y oro (electro) 145
14.3 Los productos del cobre y el bronce 147
14.4 Los productos vidriados (cristal y vidrio) 150
14.5 Los productos de hierro 154
14.6 La experiencia minera egipcia 155
14.7 Diferentes aplicaciones tecnológicas 160

Capítulo 15.: La infraestructura de transporte.................. 163

15.1. General.. 163
15.2. Las embarcaciones egipcias................................ 164
15.3. Principales puertos costeros egipcios.................... 168
15.4. Transporte terrestre.. 174
15.5. Patronos y santuarios de viaje............................ 177

Capítulo 16.: La economía de mercado............................ 183

16.1. La economía de mercado.................................... 183
16.2. Transacciones comerciales................................. 185
16.3. Exportaciones egipcias (bienes y servicios)............ 188
16.4. Importaciones egipcias..................................... 190
16.5. El apogeo y la decadencia del comercio internacional..... 192

Bibliografía seleccionada... 197

Fuentes y notas... 203

1

ACERCA DEL AUTOR

Moustafa Gadalla es un egiptólogo independiente egipcio-estadounidense que nació en El Cairo, Egipto, en 1944. Tiene una licenciatura en ingeniería civil de la Universidad de El Cairo.

Desde su más tierna infancia, Gadalla persiguió sus raíces del Antiguo Egipto con pasión, a través del estudio y la investigación continuos. Desde 1990 dedica y concentra todo su tiempo a investigar y escribir.

Gadalla es el autor de veintidós libros publicados internacionalmente aclamados sobre los diversos aspectos de la historia y la civilización del Antiguo Egipto y sus influencias en todo el mundo. Además, opera un centro de recursos multimedia para estudios precisos y educativos del Antiguo Egipto, presentados de una manera atractiva, práctica e interesante que atrae al público en general.

Fue el fundador de la Fundación de Investigación Tehuti, que luego se incorporó al Centro de Sabiduría Egipcia multilingüe (https://www.egyptianwisdomcenter.org) en más de diez idiomas. El sitio web también incluye otra actividad en curso que incluye su creación y producción de proyectos de artes escénicas como Isis Rises Operetta, Horus The Initiate Operetta; Egyptian Goddesses Operetta; y algunas otras producciones más a seguir.

2

PRÓLOGO

Heródoto [500 AEC] dio testimonio presencial del Antiguo Egipto:

> **«Difusamente vamos a hablar del Egipto, pues de ello es digno aquel país, por ser entre todos maravilloso, y por presentar mayor número de monumentos que otro alguno, superiores al más alto encarecimiento.»**

Este libro revela varios aspectos de la cultura del Antiguo Egipto. Esta edición ampliada del libro consta de cuatro partes con un total de 16 capítulos.

Parte I: Los pueblos de Egipto que consta de 4 capítulos, del 1 al 4, de la siguiente manera:

Capítulo 1: **El origen** que abarca la edad de las antigüedades egipcias, es decir de al menos 39.000 años, de conformidad con la evidencia arqueológica, histórica y física; la Era de Leo y la Esfinge; y la era del calendario sótico egipcio que es con diferencia el calendario más preciso de todos los tiempos.

Capítulo 2: **El pueblo egipcio** que abarca las raíces y las características del pueblo egipcio [Antiguo] y sus asentamientos en todo el mundo.

Capítulo 3: **Los más religiosos** que ofrece una descripción general muy breve de la cosmología egipcia; monoteísmo y politeísmo; simbolismo animal, creación del universo, etc.

Capítulo 4: **El orden social y político** que abarca los fundamentos y las aplicaciones de los principios de matrilineal/matriarcal; las comunidades matrilocales; el sistema de república comunitaria egipcia; el sistema de gobierno dual de supervisión/administración; y el orden de documentación de todas las materias en la sociedad egipcia.

Parte II: Las correlaciones cósmicas que consta de tres capítulos, del 5 al 7, de la siguiente manera:

Capítulo 5: **Como es arriba, es abajo** que abarca los principios y aplicaciones de la consciencia cósmica en la vida de los egipcios; y las Festividades de Renovación Cíclica como una forma de dichos principios.

Capítulo 6: **El faraón, el vínculo cósmico** que abarca la regla verdadera del faraón egipcio como un Amo Siervo; cómo gobernó el pueblo; y mucho más.

Capítulo 7: **Los templos egipcios** que ofrece una rápida visión general de la función y objetivo verdaderos del templo egipcio; los parámetros de diseño armónico; y mucho más.

Parte III: Los egipcios eruditos que consta de cinco capítulos, del 8 al 12, de la siguiente manera:

Capítulo 8: **El lenguaje divino** que ofrece una rápida visión general de los modos de escritura en el Antiguo Egipto, la forma de escritura alfabética y la imaginería símbolos/cali-

grafía metafísica pictórica; así como los aspectos sofistica-
dos del lenguaje alfabético egipcio.

Capítulo 9: **El patrimonio musical egipcio** que ofrece una
rápida visión general de su patrimonio musical; las orquestas musicales; la amplia variedad de instrumentos musicales;
así como el baile y el ballet en el Antiguo Egipto.

Capítulo 10: **La salud y la medicina** que ofrece una rápida
visión general sobre el gran prestigio internacional de la
medicina egipcia; su colectivo médico; los contenidos de
algunos papiros médicos egipcios sobre diagnóstico, curas
y tratamientos de diferentes enfermedades, cirugías; y una
amplia variedad de prescripciones.

Capítulo 11: **La astronomía** que abarca los sorprendentes y
precisos conocimientos y prácticas astronómicos como las
observaciones y registros astronómicos, el ciclo zodiacal,
etc.

Capítulo 12: **La geometría y las matemáticas** que ofrece una
rápida visión general de los temas de la geometría sagrada y
la ciencia natural, geodesia, matemáticas y numerología; así
como sus conocimientos y aplicaciones de los "ratios" sagrados de Pi y Phi.

Parte IV: La economía dinámica que consta de cuatro capítulos,
del 13 al 16, de la siguiente manera:

Capítulo 13: **La cultura del cultivo** que abarca la destacada
aplicación de las técnicas agrícolas de clima seco; la división
social del trabajo; y la comunidad agrícola.

Capítulo 14: **Las industrias de fabricación** que abarca el
conocimiento egipcio de metalurgia y siderurgia; sus productos de una aleación de plata y oro (electro); sus productos
de cobre y de bronce; sus productos vidriados (cristal y

vidrio); sus productos de hierro; sus actividades mineras; así como diferentes aplicaciones tecnológicas.

Capítulo 15: **La infraestructura de transporte** que ofrece una rápida visión general de los diferentes tipos de embarcaciones de alta calidad egipcias; los principales puertos costeros egipcios; el transporte terrestre; así como patronos y santuarios de viaje.

Capítulo 16: **La economía de mercado** que abarca el funcionamiento de la economía de mercado egipcia; las transacciones comerciales; las exportaciones egipcias (bienes y servicios); las importaciones egipcias; así como el apogeo y decadencia del comercio internacional, que estaba vinculado al Antiguo Egipto como el motor económico del mundo antiguo.

Moustafa Gadalla

NORMAS Y TERMINOLOGÍA

---

1. La palabra egipcia antigua, neter, y su forma femenina netert, han sido erróneamente, y posiblemente intencionadamente, traducidas como dios y diosa, por casi todos los académicos. Neteru (plural de neter/netert) son los principios y funciones divinos del Dios Único Supremo.

2. Usted puede encontrar variaciones en la redacción del mismo término del Antiguo Egipto, como Amen/Amon/Amun o Pir/Per. Esto se debe a que las vocales que se ven en los textos egipcios traducidos son sólo aproximaciones de sonidos, que son utilizados por los egiptólogos occidentales para ayudarles a pronunciar los términos/palabras del Antiguo Egipto.

3. Nosotros vamos a usar las palabras más comúnmente reconocidas por la gente de habla inglesa que identifican a un neter/netert [dios, diosa], un faraón o una ciudad; seguida de otras "variaciones" de tal palabra/término.

Cabe señalar que los nombres reales de las deidades (dioses, diosas) se mantuvieron en secreto con el fin de proteger el poder cósmico de la deidad. Se hace referencia a el Neteru por epítetos que describen una calidad, cualidad y/o aspecto(s) particulares de sus funciones. Lo mismo ocurre con todos los términos comunes tales como Isis, Osiris, Amón, Ra, Horus, etc.

4. Cuando utilicemos el calendario Latino, utilizaremos los siguientes términos:

AEC — Antes de la Era Común. También escrito en otras referencias como antes de Cristo.

EC — Era Común. También escrito en otras referencias como después de Cristo.

5. El término Baladi se utiliza en este libro para denotar la actual mayoría silenciosa de egipcios que se adhieren a las tradiciones del Antiguo Egipto, con una delgada capa exterior de Islam. [Ver *Ancient Egyptian Culture Revealed* por Moustafa Gadalla para obtener información detallada.]

6. Hubo/hay escritos del Antiguo Egipto/textos que fueron categorizados por los mismos egipcios como "religiosos", "funerarios", "sagrados", … etc. La academia occidental le dio a los textos egipcios antiguos nombres arbitrarios, tales como el "Libro de Esto", y el "Libro de Aquello", "divisiones", "expresiones", "hechizos", … etc. La academia occidental incluso decidió que cierto "libro" tenía una "versión Tebana" o "esta o aquella versión de periodo de tiempo"¡¿ Después de creer en su propia creación inventiva, la academia acusó a los antiguos egipcios de cometer errores y de faltarles parte de sus escritos?!!

Para facilitar la consulta, mencionaremos la categorización académica occidental común, pero arbitraria de los antiguos textos egipcios, a pesar de que los mismos antiguos egipcios nunca lo hicieron.

MAPA DEL ANTIGUO EGIPTO

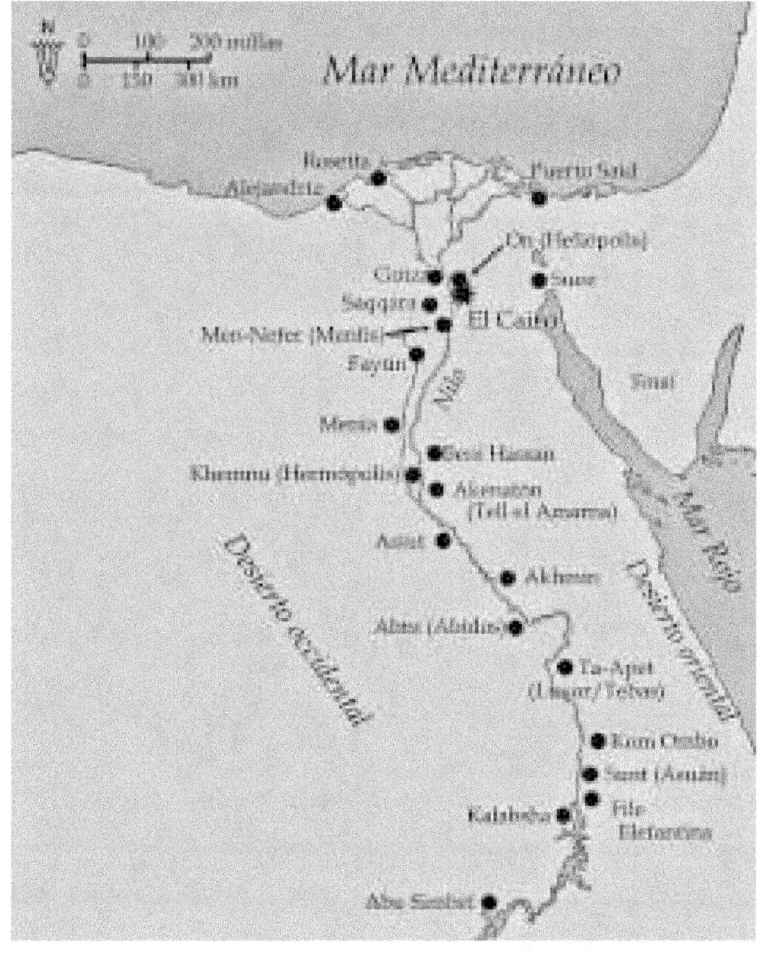

PARTE I : LOS PUEBLOS DE EGIPTO

Capítulo 1 : EL ORIGEN

1.1 EL VALLE QUE SE ELEVA

Egipto es (y era) una de las zonas más áridas del mundo. Más del 90% de Egipto es zona desértica. Solo cerca del 5% del extenso país está habitado, a lo largo de las orillas del Nilo y sus afluentes. Este fértil Valle del Nilo es una franja, de entre 11 y 15 km de anchura.

El Nilo atraviesa Egipto de sur a norte. Esto ocurre debido a que el país desciende hacia el mar Mediterráneo. En el norte de El Cairo, el Nilo se divide en diferentes afluentes que constituyen el delta, un amplio y verde abanico de campo fértil, con unos 15.500 km² de superficie.

En Egipto el río Nilo recibía (y continúa recibiendo) el 90% de su agua durante el período de 100 días de inundaciones cada año, como atestiguó Heródoto, en *La Historia* [II, 92], donde afirmaba:

> ***...¿Por qué el Nilo sale de madre en el solsticio del verano? ¿por qué dura cien días en su inundación? ¿por qué menguado otra vez se retira al antiguo cauce, y mantiene bajo su corriente por todo el invierno, hasta el solsticio del estío venidero?***

Las aguas de inundaciones del Nilo se producen por la temporada de lluvias de Etiopía, que erosiona el limo de las tierras altas de Etiopía y las transporta hacia Egipto a través del Nilo Azul y otros afluentes. Una cantidad no apreciable de agua llega a Egipto a través del Nilo Blanco que parte desde África Central. El Nilo Blanco no transporta ningún limo, de ahí su nombre "blanco" que significa claro.

El agua torrencial de la temporada fangosa del Nilo Azul se ralentiza al llegar a Asuán. Debido a la ralentización, el limo de las aguas en movimiento se deposita en el fondo. Esto provoca que el lecho del río crezca de forma gradual cada cierto tiempo; y el nivel del terreno que siempre evoluciona con el río, aumenta en diferentes grados según la distancia descendente y la variación topográfica del terreno. Esto a cambio provoca que la capa freática de agua sea mayor cuando la superficie del agua aumenta de cota con el incremento de las cotas del Valle del Nilo y sus terrenos circundantes.

De este modo, si observamos estos diagramas, podremos ilustrar la situación.

El primer diagrama muestra cómo una determinada cantidad de agua que fluye por el cauce del Nilo puede alcanzar la cota mostrada de la superficie del agua.

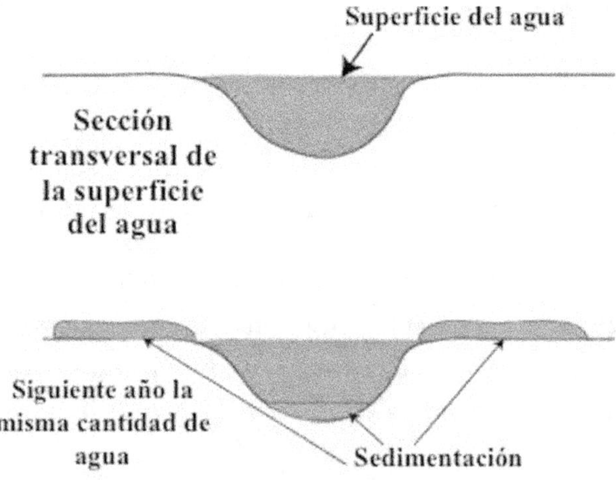

El segundo diagrama nos muestra cómo cuando el agua se ralentice, el limo se depositará en el fondo del cauce, lo cual provocará una reducción del área para el caudal de agua. Como resultado de ello, el agua pasará por encima de las orillas. A continuación, el limo del agua se depositará en las orillas del cauce.

De aquí, podemos observar como la cota del Valle del Nilo aumenta cada año, como consecuencia de las inundaciones anuales durante el período estival. Estas acumulaciones producidas poco a poco se van agregando a lo largo de los años.

Cuando las aguas del Nilo llegan a Asuán, comienzan a ralentizarse, lo que provoca depósitos de limo. Hace cientos de años, para controlar las aguas de inundaciones en Asuán, se construyó la antigua presa de Asuán. Debido a la sedimentación continua, era necesario aumentar con frecuencia la altura de la presa cada pocas décadas.

En Esna (por ejemplo), el Nilo al depositar anualmente su insignificante ¼ de pulgada de limo pudo aproximadamente cada 2 milenios sepultar prácticamente el templo de Esna, con la ciudad actual de Esna situada en la actualidad por encima del tejado del templo.

Este templo que vemos aquí se construyó en la parte superior de los templos anteriores, debido a los anteriores depósitos de sedimentación acumulados anualmente.

Varias otras localizaciones en Egipto muestran el efecto del problema de la sedimentación en diferentes templos que todavía se conservan, como los de Edfu, Luxor y Abidos.

Incluso mucho más al interior y lejos del río Nilo, encontramos otro ejemplo en Abidos, donde está situada la muy antigua estructura maciza, el llamado Osireion, cerca del templo de Osiris del Reino Nuevo, que fue construido por el faraón Seti I (1333–1304 AEC) y su sucesor Ramsés II. Esta estructura del Osireion está situada muy por debajo de la cota del Templo de Osiris del Reino Nuevo y está sumergida parcialmente por debajo de la capa freática de agua. Los cimientos de la estructura del Osireion están escavados a muchos pies por debajo del nivel actual de la capa freática, que se ha elevado unos 18 metros desde la época del Reino Nuevo.

Es importante señalar que muchos faraones inscribieron sus nombres en edificaciones que nunca construyeron. Por lo tanto, sólo que Seti I inscribiera su nombre en algunas partes de la edificación del Osireion, no puede ser motivo suficiente para considerarle el constructor de la misma.

Las enormes diferencias de cota entre el templo del Osireion y el templo de Seti, así como la drástica diferencia de estilo entre los dos, sugiere a muchos académicos que el Osireion es una edificación mucho más antigua.

La evidencia del Osireion es coherente con la evidencia de Giza y de otros lugares acerca de la mayor antigüedad de la civilización egipcia.

>> **En la edición digital de este libro, que se publica tanto en formato PDF como para libro electrónico (e-book), aparecen varias fotografías que apoyan el contenido de este subcapítulo.**

1.2 EL PUNTO DE ORIGEN

Heródoto relató que fue informado por sacerdotes egipcios de que *"el sol se había puesto dos veces donde ahora se levantó, y dos veces se levantó donde ahora se había puesto."* Esta afirmación indica que los antiguos egipcios contabilizaron su historia por más de un ciclo zodiacal de 25.920 años.

El ciclo zodiacal de 25.920 años llega como resultado de la rotación tambaleante de la tierra, que no gira realmente sobre su eje, sino más bien como una peonza que gira ligeramente fuera de su centro. [Vea los diagramas y explicaciones de los fundamentos de este fenómeno en el capítulo 11]. A este movimiento se le denomina precesión. Como consecuencia del tambaleo de la tierra sobre su eje, el equinoccio de primavera cada año crece con respecto a un contexto de cambio gradual de las constelaciones del zodiaco.

La precesión de los equinoccios, mediante las constelaciones, da nombre a las doce eras del zodiaco. Se tardan casi 2.160 años en que el equinoccio presente precesión mediante un signo zodiacal. Por consiguiente, se tardan unos 25.920 años en que el equinoccio de primavera atraviese el circuito completo de las constelaciones de los doce signos del zodiaco. A este ciclo completo se le denomina el Gran Año/Año Completo.

Por lo tanto, el testimonio de Heródoto acerca de la salida y puesta del sol, donde sale y se pone en la actualidad, constata que los egipcios contaban su historia durante más de un ciclo zodiacal completo. Los ciclos precesionales del equinoccio se observaron y registraron en el Antiguo Egipto [Vea Astronomía en el capítulo 11].

Nuestro ciclo zodiacal actual (Gran Año/Año Completo) comienza con la Era de Leo, el León, de la siguiente manera:

    Era de LEO: 10948–8788 AEC
    Era de CÁNCER: 8787–6628 AEC
    Era de los GEMELOS: 6627–4468 AEC
    Era del TORO: 4467–2308 AEC
    Era de ARIES: 2307–148 AEC

La historia del Antiguo Egipto se extendió durante un ciclo zodiacal completo de 25.920 años y un ciclo zodiacal parcial, entre el 10.948 AEC y el final de la Era de Aries, cuando perdió su independencia. Por lo tanto, la antigüedad del Antiguo Egipto es de [25.920 + (10.948 − 148)] = 36.720 años. Reafirmaremos esta antigüedad a través de otra serie de cálculos, más adelante.

Que la civilización del Antiguo Egipto tenga más de 36.000 años

– y por extensión la vida en la Tierra tenga esta misma antigüedad – va en contra de las creencias cristianas y occidentales.

Ambas creencias han predeterminado que la vida en la tierra tiene aproximadamente unos 5.000 años. Como resultado, se ha repetido constantemente que el faraón Mena (aprox. siglo XXXI AEC) "unificó Egipto" y que comenzó la civilización del Antiguo Egipto.

Esta repetida afirmación infundada y arbitraria acerca de que el faraón Mena (Menes) es el origen de la historia del Antiguo Egipto es contraria a la evidencia. Los escritores griegos y romanos de la antigüedad, que basan sus testimonios en la información recibida de primera o segunda mano de fuentes egipcias, reivindicaban una mucho mayor antigüedad de la civilización egipcia que lo que fue establecido arbitrariamente por los académicos.

La cronología de los faraones egipcios antiguos, desde la época de Mena, vino básicamente de Manetón en el siglo III AEC La obra de Manetón no ha sobrevivido – sólo tenemos comentarios sobre él de Sextus Africanus [aprox. 221 EC] y Eusebio de Cesarea [aprox. 264–340 EC].

Según Eusebio, Manetón atribuye una gran antigüedad al Egipto faraónico, basándose en la edad de las antigüedades del Antiguo Egipto, de 36.000 años, lo que es consistente con los relatos de Heródoto. Se trata de un consenso general con otros relatos y hechos comprobados, como en Diodoro de Sicilia [Diodoro I, 24] y un documento egipcio antiguo conocido como el Papiro de Turín, un documento original que data de la Dinastía XVII [aprox. 1400 AEC].

Las pruebas físicas también apoyan esta antigüedad remota del Antiguo Egipto, a pesar del hecho de que muchas pruebas arqueológicas de dicho período han sido enterradas muy por debajo de los actuales niveles freáticos, debido al fenómeno del aumento del valle del Nilo [Ver Anexo B]. Las pruebas permanecen en muchos textos, templos y tumbas del Antiguo Egipto, lo que corrobora los relatos de los escritores griegos y romanos. Por ejemplo, templos de todo Egipto poseen referencias de haber sido originalmente construidos mucho antes de su "historia dinástica". Los textos inscritos en las criptas del templo de Hathor en Dendera afirman claramente que el templo que fue restaurado en la era ptolemaica, se basó en los dibujos que datan del rey Pepi de la Dinastía VI (2400 AEC). Estos dibujos son copias de documentos que son miles de años más antiguos (época de los Servidores de Horus). El texto dice:

> **Los cimientos venerados en Dendera se encontraron en antiguos textos, escritos sobre un rollo de cuero en el período de los Servidores de Heru (= los reyes anteriores a Mena/Menes), en Men-Nefer (Menfis), en un ataúd, del período del Señor de las Dos Tierras… Pepi.**

Debido a la cota de elevación del terreno egipcio, como se explicó anteriormente, varios templos del Antiguo Egipto necesitaron ser elevados, como lo confirmó Heródoto y la evidencia física en todo Egipto. Pese a que unos pocos templos del Antiguo Egipto fueron restaurados en el período Greco-Romano, todos se reconstruyeron de conformidad con los planos del Antiguo Egipto, símbolos, deidades, figuras, etc., que se encontraron en numerosos templos y tumbas en todo el país, mucho antes de la era Greco-Romana.

1.3 LA ERA DE LEO Y LA ESFINGE

Nuestro ciclo zodiacal actual comenzó con la Era de Leo [10948–8788 AEC], y está representado por la Gran Esfinge de Giza, con una cabeza humana y el cuerpo de un león. Tanto la evidencia física como la histórica en la ubicación de la Esfinge indican su edad remota, a pesar de la frecuente (pero infundada) idea de que la Esfinge se construyó en algún lugar entre el año 2520 y 2494 AEC, durante el reinado de Kefrén (Chephren).

Heródoto, quien escribió en profundidad sobre las pirámides de Giza y los faraones constructores (incluyendo a Kefrén), nunca atribuyó a Kefrén la construcción de la Esfinge. Otros escritores de la antigüedad que escribieron acerca de la Esfinge nunca la atribuyeron a ningún faraón en concreto.

Una evidencia física fundamental con respecto a la antigüedad de la Gran Esfinge es la estela del Antiguo Egipto comúnmente conocida como la "Estela del Inventario", que se encontró en Giza, en el siglo XIX. Esta estela describe eventos durante el reinado de Keops [Cheops 2551–2528 AEC], predecesor de Kefrén, e indica que Keops ordeno la construcción de un monumento al lado de la Esfinge. Esto quiere decir que la Esfinge ya estaba allí antes de la época de Keops y por lo tanto no pudo haber sido construida por su sucesor, Kefrén [2520–2494 AEC].

Ya que la "Estela del Inventario" contradecía afirmaciones anteriores de los académicos occidentales con respecto a que Kefrén era el constructor de la Esfinge, estos desestimaron la estela, en base a que sus aspectos estilísticos parecían ser del Reino Nuevo [1550–1070 AEC]. Esta no es una causa suficiente para desecharla, ya que hay numerosas estelas y textos del Reino Antiguo [2575–2150 AEC] que fueron más tarde copiados en el Reino Nuevo y nadie desestimó su autenticidad. Constantemente, personas de todas partes copian los documentos más antiguos para de esta forma mantener el conocimiento para las generaciones futuras.

A pesar de la claridad del texto de la estela del inventario según el cual la Esfinge ya estaba allí cuando Keops construye la Gran Pirámide, algunos insisten en que Kefrén fue el constructor de la Esfinge, basándose en dos premisas muy cuestionables:

1. Una estela que se atribuyó al faraón Tutmosis (Thutmose)

IV [1413–1405 AEC], que se colocó entre las garras de la Esfinge. Es un texto extenso, y algunos reclaman que el nombre de Kefrén (Chephren) aparece en él, si bien el texto adyacente decía que el nombre era ilegible. Es básicamente un intento desesperado de situar el nombre de Kefrén en el lugar de la Esfinge.

2. Existe una calzada entre el Templo de la Pirámide de Kefrén y el Templo del Valle, de aproximadamente 500 metros de longitud. Pese a que no existe ninguna inscripción en la Esfinge o en este templo, el mundo académico occidental afirmó que la presencia de la calzada es una evidencia suficiente de algún tipo de una conexión con Kefrén.

3. Excavaciones posteriores encontraron varias estatuas en este templo, que reclamaban que se "parecían" a las características de la cabeza de la Esfinge. Sin embargo, cuando los perfiles de las caras de las estatuas se superpusieron con el perfil de la cara de la Esfinge, no coincidieron en absoluto.

Incluso si admitimos estas premisas falsas de un nombre en una estela o de estatuas independientes, o la presencia de la calzada, en el mejor de los casos la conclusión sería que Kefrén pudo haber sido el último faraón que restauró la Esfinge antes de Tutmosis IV, más de 1.000 años después de la época de Kefrén.

La evidencia física en el lugar de la Esfinge apoya su antigüedad, de ser de la Era de Leo del zodiaco.

El lugar original donde la Esfinge se sitúa era un plano ligeramente inclinado con un afloramiento de roca más dura. Las características principales de la Esfinge consisten en diferentes condiciones geológicas, de la siguiente manera:

1. La cabeza de la Esfinge está labrada a partir de este afloramiento de estrato duro, que es resistente a los efectos de los elementos naturales.

2. El cuerpo de la Esfinge se formó al excavar a distancia de la piedra todo alrededor para constituir lo que pronto sería el cuerpo. El cuerpo de la Esfinge se hizo con un estrato de piedra caliza más blando, que a su vez está compuesto de capas alternas más duras y más blandas. Estas capas alternas son visibles in situ como una ondulación desgastada, que tiene cerca de dos pies de profundidad dentro de los cimientos.
3. La base de la Esfinge, y el fondo del lugar de la excavación original, son de piedra caliza más dura, que es resistente a los efectos de los elementos naturales.

Como el cuerpo de la Esfinge está situado en un hoyo, este tarda menos de 20 años en llenarse y cubrir el cuerpo totalmente. Con la excepción del último siglo, más o menos, la Esfinge ha estado cubierta por arena desde la época en que fue creada hace miles de año. Por consiguiente, la Esfinge fue protegida de la exposición a la intemperie frente al viento y a la arena. No obstante, la pared del hoyo excavado (alrededor del cuerpo de la Esfinge) tiene una erosión suave de dos pies de profundidad, con patrones de erosión idénticos en el cuerpo de la Esfinge. Obviamente, tanto la cara de roca como la Esfinge se labraron antes de que se produjera esta fuerte erosión.

Muchos académicos se han resignado al hecho de que los efectos del agua provocaron la erosión del cuerpo de la Esfinge. La cuestión que se plantea es: ¿Qué agua causó este peculiar patrón de erosión? Debe desestimarse que el agua freática haya causado tal erosión, ya que se calcula que la capa freática de agua era 9 metros más baja en la época de Kefrén [2520–2494 AEC] que su nivel en la actualidad. En otras palabras, es imposible que el agua freática haya causado una erosión de profundos canales de 2 pies en el cuerpo de la Esfinge y en las paredes del hoyo excavado.

Como se explicó al comienzo del capítulo, a lo largo de miles de años, la inundación del Nilo ha depositado gradualmente limo adicional en el terreno del Valle. Siempre que se eleva el terreno, también aparece capa freática de agua. Por lo tanto, la evidencia es aplastante frente a la teoría del agua freática como la causa de la erosión en el lugar de la Esfinge. No existe ninguna otra respuesta razonable excepto que la erosión del agua tuvo lugar a finales de la última Era Glacial [aproximadamente 15000–10000 AEC]. Los geólogos están de acuerdo en que Egipto estuvo sometido a intensas inundaciones a finales de la última Era Glacial.

Otra evidencia fundamental con respecto a la antigüedad de la Esfinge es el descubrimiento de un reciente hoyo perforado delante del templo en ruinas de la Esfinge (situado delante de la Esfinge, y cerrado al público), que revela la presencia de granito rojo a una profundidad de 16,5 metros. El granito no es autóctono del norte de Egipto y solo pudo haber llegado desde Asuán, a más de 1.000 millas al sur. La presencia de granito, a esa profundidad, es una prueba adicional de actividades constructivas mucho antes del 3000 AEC, cuando la cota del terreno era 16,5 metros inferior a la de la actualidad.

Para concluir, la aplastante evidencia física e histórica, como se detalló anteriormente, nos conduce a la conclusión racional de que Kefrén no construyó ni pudo haber construido la Esfinge, pero fue uno de los muchos que la restauraron. Naturalmente, los monumentos del Antiguo Egipto necesitaron ser restaurados cada pocas décadas y siglos. La evidencia de la Esfinge de Giza lo muestra al ser la huella de la Era de Leo (el León) del zodiaco del Antiguo Egipto, aproximadamente hace 13.000 años.

>> **En la edición digital de este libro, que se publica tanto en formato PDF como para libro electrónico (e-book), aparecen varias fotografías que apoyan el contenido de este subcapítulo.**

1.4 EL CALENDARIO EGIPCIO

Ahora centremos nuestra atención en descubrir la edad de la antigüedad egipcia al examinar el calendario del Antiguo Egipto.

El conocimiento avanzado de los egipcios en astronomía, como se reflejó en su calendario, lo reconoció el gran Estrabón (64 AEC–25 EC), que escribió:

> **[Los egipcios] revelaron a los griegos los secretos del año completo, que estos últimos ignoraban al igual que muchas otras cosas...**

Los ingeniosos egipcios basaron su muy preciso calendario en la observación y el estudio de los movimientos de Sabt (Sirius) en el cielo. Por ello, el calendario del Antiguo Egipto se denomina el calendario sótico, es decir de estar relacionado con Sirius (Sabt), la Estrella Perro.

Los antiguos egipcios sabían que el año duraba un poco más de 365¼ días. La Tierra tarda 365,25636 días en completar un giro alrededor del sol.

Debe observarse que la cronología de 3.000 años de la historia del Antiguo Egipto según los egiptólogos modernos, solo fue posible por la exactitud del año Sótico del Antiguo Egipto, que seguía el Orto Helíaco de Sirio, la Estrella Perro, con su duración anual de 365,25636 días. Además, este es el calendario egipcio que ha permitido a estudiantes de historia de todo el mundo calcular la fecha de eventos en todos los demás países del mundo, países que nunca tuvieron un calendario (correcto o alguno).

Los prácticos antiguos egipcios utilizaron un calendario de 12 meses, cada uno compuesto por 30 días. Los ajustes necesarios para lograr un año completo, es decir la diferencia entre 365,25636 días y los 360 (30 x 12) días, fueron los siguientes:

1. La diferencia de 5,25 días se sitúa al final del año egipcio,

agregando 5 días todos los años y un día adicional cada 4 años. El año del Antiguo Egipto comienza actualmente (en 2007) el 11 de septiembre. Los 5/6 días adicionales comienzan el 6 de septiembre.

2. La diferencia de 0,00636 días (365,25636 – 365¼ días) durante cada año requiere la adición de otro día cada (1/ 0,00636) 157¼ años, lo cual los egipcios continúan haciendo hasta la actualidad. Se hace agregando un día extra cada 157, 314, 471 y 629 ciclos anuales. Los ajustes anteriores por parte de los egipcios pueden observarse con nitidez en los últimos 2.000 años al comparar el calendario del Antiguo Egipto con el calendario "Romano" [como se explicó más arriba].

Volviendo al calendario cótico egipcio, después de que Julio Cesar visitara Egipto en el 48 AEC, encargó al astrónomo Sosígenes (de Alejandría) que introdujera un calendario en el Imperio Romano. De esta manera surgió el calendario Juliano de un año de 365 días y de 366 días cada año bisiesto. El calendario Romano (Juliano) literalmente se *realizó a medida en función de un Rey*. El primer día del año era el día de la coronación del Rey egipcio en su final del anuario jubileo de rejuvenecimiento [para más información véase el libro *Místicos egipcios – Buscadores del Camino*, del mismo autor].

No obstante, el calendario Juliano no tuvo en cuenta que el año es un poco más que 365¼ días. La diferencia entre 365,25 días y 365,25636 días, desde el momento de la adopción del calendario Juliano hasta nuestros días es de 13 días. Tal diferencia explica la variación del día 13 en las observaciones anuales de numerosas festividades cristianas, entre templos ortodoxos y no ortodoxos. La razón es que un grupo siguió el preciso calendario egipcio, mientras que el otro grupo siguió el impreciso calendario Juliano.

Cuando se adoptó el calendario romano en el año 48 AEC, el primer día del calendario egipcio era el 29 de agosto. En la actualidad es el 11 de setiembre, con la diferencia de los 13 días que se acaba de explicar.

Para encontrar la fecha de inicio del calendario del Antiguo Egipto, en términos del calendario romano (imperfecto), debemos tener en cuenta la diferencia de 0,00636 días (365,25636 – 365,25 días) para cada año entre el 29 de agosto y el 21 de junio. El 21 de junio significa el solsticio de verano, que marca el comienzo del calendario del Antiguo Egipto, que a su vez marca el comienzo del ciclo Sótico, cuando el ciclo Sótico egipcio comienza con el Orto Helíaco de Sabt (Sirius) en el horizonte, junto al sol, y permanecía visible durante unos pocos momentos hasta que desaparecía con el avance del amanecer.

En primer lugar, encontramos la diferencia entre el 29 de agosto y el 21 de junio, es decir 69 días. Al dividir los 69 días entre 0,00636, el resultado es 10.849 años. De este modo, el 29 de agosto del año 48 AEC, en el calendario egipcio era como mínimo el 10.897 AEC (10849 + 48).

Comparemos los cálculos calendáricos sóticos de 10897 con los cálculos del zodiaco. Tal como se ha indicado anteriormente, el ciclo zodiacal actual comienza en el año 10948 AEC. La diferencia entre el año 10897 AEC y el comienzo de la Era de Leo [10948 AEC] es de 51 años. Es decir, en el año 48 AEC, el calendario del Antiguo Egipto era 1/3 del ciclo de un período de 157 años.

El año 10948 AEC, al ser el inicio de la Era de Leo, es coherente con las afirmaciones de todos los antiguos escritores romanos y griegos como Platón, cuyos Diálogos indican que el canon de proporción del Antiguo Egipto, para las artes y la arquitectura, no cambia durante los 10.000 años anteriores a la época de Platón [428–347 AEC]. Platón señalaba,

Que las imágenes y estatuas hechas hace más de 10.000 años,

no eran ni mejores ni peores que las que se hacían en la actualidad.

Desde la ocupación Islámica/Árabe de Egipto [641 EC], el calendario del Antiguo Egipto se conoció como el calendario "Copto", aún cuando se desarrolló miles de años antes del Cristianismo. Los egipcios actuales todavía siguen el calendario del Antiguo Egipto, para prácticamente todas las innumerables festividades anuales, de agricultura, para el tiempo meteorológico y otras materias (con solo un puñado de excepciones). Es con diferencia el calendario más práctico y preciso que se utiliza en el mundo.

Capítulo 2 : El pueblo egipcio

2.1 LOS INVARIABLES EGIPCIOS

Los egipcios son extraordinariamente tradicionalistas. A lo largo de la historia de Egipto, se hizo mucho hincapié en la adhesión a las tradiciones y los egipcios NUNCA se desviaron de sus principios. En el texto más antiguo que se conserva del mundo (5.000 años), el escriba egipcio, Ptahhotep, señalaba:

> *No modificar/cambiar nada de las enseñanzas/instrucciones de su padre (de los antepasados), ni tan siquiera una simple palabra. Y permitir que este principio sea la piedra angular de las enseñanzas a las generaciones futuras.*

Los egipcios nunca se desviaron de sus principios. Antiguos historiadores han atestiguado este hecho, como Heródoto, en *La Historia, Libro II* [79]:

> *Contentos los egipcios con su música y canciones patrias, no admiten ni adoptan ninguna de las extranjeras.*

Heródoto, en *La Historia, Libro II* [91]:

> *Huyen los egipcios de los usos y costumbres de los griegos, y en una palabra, de cuantas naciones viven sobre la faz de la tierra.*

La esencia de tal tradicionalismo está en la total adhesión de los egipcios a la precedencia establecida por sus antepasados. Todo lo que hicieron, cada acción, cada movimiento, cada decreto debía ser justificado en términos de su precedencia ancestral, para cumplir y para explicar sus acciones y obras. Toda la sociología y la existencia de los egipcios antiguos y baladís, de principio a fin, no es más que una larga cadena de precedentes ancestrales, cada simple vínculo y remache se convertía en una costumbre y una ley, desde sus padres espirituales hasta ellos mismos, en carne y hueso. Platón y otros escritores confirmaban la adhesión completa de los egipcios a sus propias tradiciones. Nada ha cambiado con esta actitud desde entonces, cada viajero que ha pasado por Egipto desde esa época ha confirmado la lealtad a tal conservadurismo.

Con todas las afirmaciones falsas sobre cómo cambiaron los egipcios antiguos sus modos, lenguajes, religión, tradiciones, etc., un estudio minucioso mostrará que dichas afirmaciones son un mero espejismo. La verdad es que las tradiciones antiguas nunca murieron, y que continúan sobreviviendo en la mayoría silenciosa, llamada (y que se llaman a si mismos) Baladí, que significa nativos. La mayoría silenciosa describe a las mayorías ruidosas de egipcios (altos funcionarios gubernamentales, académicos, periodistas y los autoproclamados intelectuales) como Afrangí, que significa extranjeros. Los afrangís son la gente egipcia que se compromete con el patrimonio egipcio para lograr altos cargos y recibir la aprobación de los invasores extranjeros de Egipto. Como una herramienta de las fuerzas extranjeras, como los árabes, los afrangís gobiernan y dominan a los baladís, los nativos. Los afrangís son, como sus maestros extranjeros, arrogantes, crueles y vanidosos. Después de que abandonasen Egipto las fuerzas extranjeras, los afrangís egipcios continuaron su papel como los gobernantes de justicia.

Los baladís invariables, portadores de la antorcha de los antepasados del Antiguo Egipto, eran despojados puntillosamente de su nacionalidad, como se explica a continuación.

2.2 LAS "RELIGIONES RACIALES"

Es comúnmente conocido que la historia la "escriben" (más correctamente la dictan/colorean) los ganadores de los últimos conflictos. Como resultado de ello, se ha escrito y repetido: que los egipcios antiguos aceptaron la dominación de los gobiernos potolemaico y romano; que habían cambiado voluntariamente sus creencias religiosas por la cristiana; y poco después, aceptaron de la misma forma el Islam como sustituto del cristianismo. En este sentido, numerosas partes enfrentadas (eurocentristas, afrocentristas, islamistas, cristianos, …etc.), que utilizan el Antiguo Egipto para fomentar su propia agenda, insisten en que la religión, lenguaje y tradiciones antiguas han muerto. Tales falacias infundadas fueron reforzadas por la minoría egipcia Afrangí, que sirve a los intereses de los conquistadores árabes desde el 640 EC y que ha dedicado sus esfuerzos a censurar su patrimonio ancestral.

Debido a la naturaleza pasiva de los egipcios baladís, mucha gente inventó "teorías" acerca de la "identidad" de los egipcios que no han tenido en absoluto una base científica y/o histórica. La premisa de sus afirmaciones infundadas se debe a la división e identificación racial de la gente de Egipto, basada en las religiones que asumieron. Algunos aducen que las poblaciones islamizadas de Egipto (cerca del 90%) son colonos árabes de la península arábiga. A la población cristiana (cerca del 10%) que se reivindica como los egipcios verdaderos, se les llama Coptos, descendientes de los egipcios antiguos. Otros aducen que la población islamizada de Egipto tiene sangre mestiza, de los egipcios antiguos y de los árabes que invadieron Egipto en el año 640 EC. La "sangre" egipcia antigua ya no existe.

En realidad, cientos de momias del Antiguo Egipto, de todas las épocas, junto con la prueba de ADN, así como las numerosas figuras representadas en los templos y tumbas del Antiguo

Egipto, muestran que los egipcios "Musulmanes" actuales son de la misma raza que sus antepasados del Antiguo Egipto.

La población cristiana de Egipto es notablemente diferente de la población "Musulmana". Hoy en día, los cristianos de Egipto NO son nativos de Egipto, sino que son una minoría extranjera que vino a Egipto, desde Judea y Siria a servir a los intereses de los romanos, a reforzar sus guarniciones militares y/o recaudar diferentes impuestos establecidos por los romanos. No es una coincidencia que los centros concentrados donde reside la actual población cristiana de Egipto, son exactamente las mismas ubicaciones donde los romanos mantuvieron sus centros militares y administrativos (recaudación de impuestos). Ahora, 2.000 años más tarde, a esta gente siria se le distingue fácilmente de la mayoría de los egipcios nativos por su aspecto y hábitos. Visitantes extranjeros, como el investigador británico, E.W. Lane, declaró tales diferencias en su libro, *Maneras y costumbres de los modernos egipcios* [1836].

A diferencia de los extranjeros (sirios o no) que viven en Egipto, los egipcios nativos nunca se han convertido al cristianismo. Era la migración siria a Alejandría la que constituyó el grueso de los cristianos antiguos que llegaron a Egipto. En el año 312 EC, el cristianismo se convirtió en la religión única y oficial del Imperio Romano. Poco después, el Imperio Romano se rompe. Egipto formó parte del Imperio Oriental (o Bizantino) en el año 323 EC. La declaración de Constantino de convertir el cristianismo en la religión oficial del imperio tuvo dos efectos inmediatos en Egipto. En primer lugar, esto permitió a la Iglesia mejorar la organización de su estructura administrativa y adquirir una riqueza considerable; y en segundo lugar, permitió a los fanáticos cristianos destruir los derechos religiosos, propiedades y templos de los egipcios nativos. Por ejemplo, cuando Teófilo fue proclamado Patriarca de Alejandría en el año 391 EC. Una oleada de destrucción barrió el territorio de Egipto. Las tumbas fueron arrasadas, las paredes de los monumentos antiguos desfiguradas y las estatuas derribadas. La célebre Biblioteca de Alejandría, que contenía cientos de miles de documentos, fue destruida. Los fanáticos cristianos antiguos se apropiaron de los templos de los egipcios antiguos. En los siglos IV y V, numerosos templos antiguos de la ribera occidental de Luxor (Tebas) se convirtieron en centros monásticos.

No existe evidencia arqueológica, fuera de Alejandría, que corrobore las reclamaciones de popularidad demasiado exageradas de los cristianos. Los egipcios antiguos no necesitaron ninguna nueva "iluminación" de los fanáticos cristianos, ya que a lo que actualmente se le llama religión cristiana ya existía en el Antiguo Egipto, mucho antes de la adopción del Nuevo Testamento.

El egiptólogo británico Sir Ernest Wallis Budge escribió en su libro, *The Gods of the Egyptians* (1969),

> **La nueva religión (el cristianismo), que ha sido anunciada por San Marcos y sus seguidores inmediatos, guardaba un enorme parecido con todos los elementos esenciales que fueron el resultado del culto a Osiris, Isis y Horus.**

La principal diferencia entre las versiones Egipcia y del Nuevo Testamento es que al relato del Evangelio se le considera histórico mientras que al de Osiris, Isis y Horus se le considera una alegoría. El investigador británico A.N. Wilson señaló en su libro, *Jesús*:

> **El Jesús histórico y el Cristo de la fe son dos seres separados, con historias muy diferentes.**

Los cristianos antiguos confundieron ficción con realidad. En su ignorancia fanática, tradujeron de manera errónea el lenguaje alegórico espiritual del Antiguo Egipto en supuestas historias. Ese que dice que "Cristo está dentro de ti" es el mensaje de la verdad del Antiguo Egipto que enterraban aquellos que querían hacer historia de una alegoría espiritual. [Para más información, vea *Raíces del Cristianismo en el Antiguo Egipto* de M. Gadalla].

La historia de las luchas políticas y doctrinales dentro de la Iglesia durante y después del siglo IV han sido en gran medida escritas en términos de las disputas sobre la naturaleza de Dios y Cristo y la relación entre ellos. Estos grupos se distinguieron por los apellidos de Jacobito o Copto, y Melquita o Royalista. Los jacobitos practicaban el credo Monofisita, por la raza principalmente, aunque no son exclusivamente personas nacidas en Egipto, sino de descendientes de extranjeros (erróneamente se identifica con egipcios nativos); mientras que los melquitas eran seguidores ortodoxos de Calcedonia y en su mayor parte griegos o de origen europeo.

Los Monofisitas, desde el primer momento, habían defendido la doctrina de Cristo, que situaba todo el énfasis posible en su divinidad, y rechazaban que esta tuviese una naturaleza humana. Cuando los teólogos ortodoxos de Roma y Constantinopla acordaron el Concilio de Calcedonia, en el año 451, en el que Cristo tenía que ser adorado "en dos naturalezas unidas inseparablemente", la oposición monofisita afirmaba que aunque Cristo podía ser "de dos naturalezas", no podía estar en dos naturalezas. A raíz de ello, en el año 451, durante el reinado del patriarca Dióscoro, la Iglesia Monofisita de Egipto se liberó de la Iglesia Ortodoxa Melquita, y eligió su propio patriarca. Desde el Concilio de Calcedonia del año 451, cada una de las dos Iglesias tuvo su propia administración y patriarca independientes.

Continuamente se habla de la persecución de los "Coptos". No obstante era lo que ellos requerían, al no aceptar otras creencias religiosas, incluyendo a sus compañeros cristianos melquitas. Su rechazo de los derechos religiosos de los demás era violento y destructivo. Pese a que se les permitió disponer de su propio patriarca, insistían en negar a los melquitas y a los demás su derecho a venerar a su propia manera. La supuesta persecución se atribuía a Cyrus, quien fue enviado a Alejandría como Patriarca Imperial el año 631 EC. Se mantuvo la doble sucesión de pontífices. Cyrus en un primer momento intentó un acuerdo entre las dos facciones (melquitas y monofisitas). El acuerdo fue rechazado por los monofisitas, quienes no reconocieron su autoridad.

Cyrus tuvo que restablecer el orden, en nombre de su emperador, de los monofisitas que habían aterrorizado y destruido todo aquello que simplemente no coincidía con sus interpretaciones fanáticas, ¿Persiguió Cyrus a los monofisitas, o requerían su reacción al rechazarle a él y a su autoridad? En este sentido, habían estado enjuiciando a la tierra y a la gente de Egipto (su anfitrión) durante varios siglos, e irónicamente, Cyrus, el cristiano, les dio a probar su propia medicina.

Cuando los árabes musulmanes, en diciembre del año 639 EC, se dispusieron a conquistar Egipto con unos pocos miles de hombres, su tarea fue relativamente sencilla, ayudados por el apoyo activo de los monofisitas cristianos no egipcios. Transcurridos menos de dos años de la lucha y maniobra política entre los invasores árabes y los bizantinos, Cyrus firmó un tratado con los musulmanes árabes el 8 de noviembre del año 641, que reclamaban la retirada total de los soldados romanos, imponiendo un tributo a todos los hombres sanos y un impuestos a todos los terratenientes. Las únicas partes del tratado fueron los árabes musulmanes y los cristianos no egipcios, que regalaron un país, Egipto, que no era el suyo.

Debido a la cooperación activa de los cristianos, los conquistadores árabes musulmanes favorecieron a la Iglesia Monofisita, utilizándoles para ayudarles a recaudar los impuestos de capitación a los egipcios nativos. Es decir, los árabes mantuvieron la misma administración de recaudación de impuestos que estuvo bajo el gobierno romano/bizantino. A cambio, los cristianos se aseguraron el derecho a continuar la práctica de su religión. La derrota definitiva del gobierno bizantino en Egipto llegó cuando sus soldados abandonaron Alejandría, en el año 642 EC. Desde ese momento, Egipto se convirtió en una colonia islámica/árabe, al ser gobernada por extranjeros, directa o indirectamente a través de los egipcios afrangís.

Bajo el gobierno islámico, una persona debía anunciar oficialmente su adhesión a una de las tres religiones [Islam, Cristianismo y Judaísmo], ya que la ley islámica imponía un "impuesto" especial adicional (conocido como Yizia) a los cristianos y judíos. La población egipcia, controlada o amenazada por los invasores árabes (y sus recaudadores de impuestos, cristianos), tuvo que declararse a una de las tres religiones "aprobadas". Tal declaración fue una necesidad y nunca una conversión verdadera. Una vez que una persona anunciaba su "islamización", nunca podía cambiar, ya que sería considerado como una blasfemia, que es penada con la muerte a manos de cualquier musulmán. Además, bajo la ley islámica, toda la descendencia del pueblo islamizado es automáticamente considerada musulmán, y por lo tanto nunca puede condenar el Islam.

El término, Copto, precede al Cristianismo y es la palabra usada normalmente por los griegos para referirse a un egipcio. Los árabes, después del año 640 EC, utilizaron este término general para identificar a los egipcios no musulmanes, y el término árabe para la población islamizada. Es decir, los ganadores de la invasión del año 640 EC cambiaron de forma caprichosa la raza de los egipcios a árabes debido a una religión que les fue impuesta por los conquistadores. Como consecuencia de ello, el término Copto adquirió un significado diferente durante el siglo VII, pasando a querer decir cristiano en lugar de egipcio.

Los egipcios fueron invadidos una y otra vez, sin oponer nunca una auténtica resistencia. Los egipcios baladís aprendieron a mantener sus tradiciones antiguas bajo una fina capa de Islam. Un proverbio egipcio común describe su modo de supervivencia, "Él/ella juegan con un huevo y una piedra, para proteger el frágil huevo de ser resquebrajado por la piedra". [Puede encontrar más información acerca de la "Islamización" de Egipto en otros libros de Gadalla, como *Místicos egipcios – Buscadores del camino*, *The Enduring Ancient Egyptian Musical System*, y *Cosmología egipcia: El universo animado*].

2.3 LA MENTALIDAD MORTAL

El lema principal de los egipcios era y es trabajar en su vida terrenal como si fueran a vivir para siempre, aunque también prepararse para su inevitable muerte como si fueran a morir mañana. Este doble sentido les hace tanto muy religiosos como muy felices. Debido a que "la vida es corta", uno debe disfrutarla, pero a la vez mostrar siempre su mejor comportamiento, preparado para reunirse con el Creador en cualquier momento.

Esta perspectiva egipcia era evidente en una costumbre del Antiguo Egipto donde durante o después de sus reuniones, debían presentar una imagen de madera de Osiris, de 45 a 90 cm de altura, en la forma de una momia humana, y mostrarla a cada uno de los invitados, recordándoles su inmortalidad y la naturaleza transitoria de los placeres humanos. Esto era totalmente coherente con las ideas de los egipcios de siempre tener en cuenta que esta vida es solo un alojamiento, o "posada" en su camino, y que su existencia aquí es la preparación para un estado futuro.

Estatuas de una momia en la forma de Ausar (Osiris)

Osiris representa la divinidad en forma mortal, que es compatible con disfrutar en nuestro viaje vital terrenal. Esta cuestión la relató Diodoro, quien escribió en su *Libro I* [16, 4-5],

> ***Osiris era amante de la risa y se complacía en la música y las danzas...***

El interés mostrado por los egipcios en su destino después de la muerte, se debe en parte a su interés apasionado en la vida misma. Este principio lo compartió Montaigne, cuando dijo,

> ***Quien le enseña al hombre a morir, le enseña a vivir.***

Los egipcios eran, por lo tanto, personas alegres y felices, con un intenso sentido del humor. Existen muchas escenas de humor en sus pinturas, incluyendo escenas de personas jugando, bailando, haciendo malabarismos, etc. Consejos irónicos que se dan a los maridos que quieren encubrir sus asuntos de adulterio: muerde una cebolla de camino a casa. Tu mujer se convencerá de que no has besado a nadie si llegas con un aliento como ese.

La vida diaria de los egipcios estaba animada por una gran cantidad de festividades, la mayoría de ellas de naturaleza religiosa. Se puede sentir la viveza de su participación en estas actividades en las representaciones de las paredes de los templos. Heródoto describió la atmósfera festiva de una festividad religiosa, con todos los participantes, hombres y mujeres, pobres y ricos, cantando, bailando, coreando, aplaudiendo, comiendo, bebiendo, ...etc.

Debido a su mentalidad mortal, también eran (y todavía son) básicamente pragmáticos y realistas, y los más humildes. En cientos de textos y papiros descubiertos del Antiguo Egipto, de varias materias (medicina, matemáticas, etc.), nunca se da ningún mérito al hallazgo o logro atribuido a alguien en particular o a varias personas. Consideran que cada logro o aptitud es un regalo de Dios, y el reconocimiento solo se le puede dar a él. Por lo tanto, todos los aspectos del conocimiento del Antiguo Egipto se atribuyen a los atributos/aspectos/cualidades de lo divino, denominados los neteru (dioses/diosas).

2.4 LOS EGIPCIOS: LOS MÁS POPULOSOS

Egipto fue el país más predominante, populoso y famoso del mundo antiguo, como afirmó Diodoro, en su *Libro I*, [31, 6-9],

> *En términos de densidad de población, Egipto superó con creces a todas las antiguas regiones conocidas del mundo habitado, e incluso en nuestros días se piensa que es insuperable...*
> *...Se hallaba tan poblado que antes habia tenido hasta siete millones de habitantes; y que en su tiempo tenia aun tres millones.*

Heródoto indicó que durante el reinado de Amosis Egipto contaba con 20.000 ciudades populosas. Diodoro indicó que había 18.000 aldeas y ciudades grandes; y señalo que, bajo el gobierno de Ptolomeo Lagos, llegaron a más de 30.000. Josefo estimó que la población durante el reinado de Vespasiano, alcanzó los 7,5 millones en el valle del Nilo, además de la población de Alejandría, que era de aproximadamente 800.000.

Geográficamente, el Antiguo Egipto parecía aislado y diferente del resto del mundo, aislado por los desiertos del estrecho valle del Nilo. Sin embargo, los egipcios tenían un contacto permanente con otros pueblos. Escritores clásicos como Plutarco, Heródoto y Diodoro han afirmado que el Antiguo Egipto tenía colonias pacíficas por todo el mundo. Diodoro de Sicilia, en su *Libro I*, [29, 5], afirma lo siguiente:

> *En general, los egipcios relatan que sus antepasados enviaron*

numerosas colonias a muchas partes del mundo habitado, debido a la preeminencia de sus antiguos reyes y de su población excesiva.

Diodoro, en su *Libro I*, [28, 1-4], habla de algunas colonias egipcias pacíficas que le fueron informadas en Asia y Europa:

...se diseminaron muchísimas colonias desde Egipto por todo el mundo habitado. A Babilonia condujo a los colonos Belo, de quien se creer que era hijo de Poseidón y Libia...
...También dicen que los que emigraron con Danaus, desde Egipto, fundaron la que es prácticamente la ciudad más antigua de Grecia, Argos, y el pueblo de los colcos en el Ponto y de los judíos entre Arabia y Siria, lo fundaron algunos emigrados suyos...

En virtud de la preeminencia de colonos egipcios en Asia y Europa, jugaron un papel importante en el país de sus nuevos asentamientos. Diodoro, en su *Libro I*, [28,6-7], analiza el importante papel de los colonos egipcios como gobernantes de estas nuevas colonias.

Por otra parte, dicen que algunos dirigentes atenienses eran originarios de Egipto. Petes, [llamado Péteo en la Ilíada 2. 552.] por ejemplo, padre de Menesteo, que participó en la expedición contra Troya, había sido claramente un egipcio, que más tarde obtuvo la ciudadanía de Atenas y la realeza.

Diodoro, *Libro I*, [29, 1-5], también indicó:

Del mismo modo, continúan, Erecteo además, que nació en Egipto, llegó a ser rey de Atenas... Erecteo, a través de su conexión racial con Egipto, trajo de allí a Atenas una gran provisión de grano, y a cambio aquellos que habían ofrecido su ayuda se hicieron benefactores del rey. Tras asegurarse el trono instituyó los ritos iniciáticos de Deméter en Eleusis y estableció los misterios, transfiriendo su ritual de Egipto... Y los atenienses observaban sus sacrificios y sus ceremonias antiguas de la misma manera que los egipcios...

...a cargo de las más importantes ceremonias religiosas de Ática; los pastophoroi eran aquellos sacerdotes egipcios que conducían las procesiones a los pequeños santuarios de los dioses. Además eran los únicos griegos que juraban por Isis, y eran muy similares a los egipcios tanto en su apariencia como en sus maneras.

Heródoto [500 EC] señaló que vino de Halicarnaso, una ciudad doria. Estableció claramente la conexión entre los dorios y Egipto, en *La Historia, Libro VI,* [Secciones 53-55]:

[53] ...si dejando los padres de Perseo quisiera uno desde Dánae, hija de Acrisio, ir contando los progenitores de aquella real familia, se verá que son oriundos de Egipto los primeros príncipes ascendientes de los reyes dorios.

[55] Mas baste lo dicho sobre este punto, que no quiero expresar aquí cómo siendo egipcios aquellos progenitores, ni por qué medios y proezas, llegaron a ser reyes de los dorios, pues otros lo han referido primero, y yo quiero solamente decir lo que otros no dijeron.

Heródoto, con lo anterior [55], indicó que semejante hecho era muy conocido en esta época [500 AEC] y no necesita mayor explicación. Heródoto hizo referencia a la conexión entre los dorios y los egipcios en varias ocasiones, como en *La Historia, Libro II,* [Sección 91].

Por último, cabe señalar que los registros del Antiguo Egipto (así como los registros de otras áreas) tienen un sinnúmero de nombres de lugares a lo largo del mundo que no se pueden reconocer actualmente. Los nombres de lugares, grupos étnicos y países cambian constantemente. Los nombres de los países de Europa, de hace sólo 100 años por ejemplo, son extraños para la mayoría de los europeos de hoy en día. A la larga, cuando estos registros desaparezcan dentro de algunos siglos, los nombres de estos países serán totalmente irreconocibles.

En numerosos lugares del mundo, hay referencias a las personas bronceadas o de piel marrón que proporcionaron la iluminación en dichas regiones. Se les describe como:

1. De origen y características "orientales".
2. Personas no bélicas que se asentaron pacíficamente entre la población local.
3. Altamente avanzados en la metalurgia y que fabricaron grandes cantidades de productos metálicos.
4. Perfectamente organizados y con mucho talento para la gestión.
5. Muy avanzados en cultivos en clima seco, en riego, etc.
6. Constructores y artesanos experimentados que han construido tumbas megalíticas, etc.
7. Personas muy religiosas que tenían creencias animistas.

Las descripciones anteriores sólo se pueden aplicar a un país: Egipto. Al combinar las tradiciones orales, la etnohistoria y la evidencia arqueológica (datación de los principales asentamientos, tumbas, actividades mineras, …etc.) de todos los pueblos de la cuenca mediterránea, se puede observar que los recién llegados civilizados podían venir solo del Valle del Nilo.

La inmigración procedente de Egipto transcurrió en varias oleadas y estuvo estrechamente ligada con los acontecimientos en el Antiguo Egipto. Algunos emigraron en épocas de prosperidad para buscar contactos comerciales, y la mayoría en momentos convulsos.

Para más información sobre las olas migratorias egipcias al África subsahariana e interior, lea *Exiled Egyptians: The Heart of Africa*, de Moustafa Gadalla.

Para más información sobre las olas migratorias egipcias a la Península Ibérica, lea *Egyptian Romany: The Essence of Hispania*, de Moustafa Gadalla.

Capítulo 3 : Los más religiosos

3.1 COSMOLOGÍA Y ALEGORÍAS EGIPCIAS

Debido al actual sistema de "educación" en cadena, muchos son incapaces de entender los textos y pensamientos del Antiguo Egipto. Por lo tanto, para superar tales obstáculos mentales, es fundamental reconocer el modo de expresión del Antiguo Egipto en las diferentes materias de su cultura, como la religión.

Se transmitió el conocimiento cosmológico del Antiguo Egipto en forma de historias, que es un medio especialmente útil para expresar conceptos físicos y metafísicos. Las alegorías bien elaboradas son la única manera de explicar las verdades más profundas sobre Dios, la creación, la vida, el alma, nuestro lugar en el universo y nuestra lucha para evolucionar hacia niveles más altos de comprensión y entendimiento.

Las alegorías se eligen intencionalmente como un medio para la comunicación de conocimiento. Las alegorías dramatizan las leyes, principios, procesos, relaciones y funciones cósmicas, y se expresan de una manera fácil de entender. Una vez que los significados internos de las alegorías han sido revelados, se convierten en maravillas de la simultánea integridad y brevedad científica y filosófica. Cuanto más se estudian, más ricas se vuelven. La "dimensión interna" de las enseñanzas incrustadas en cada historia las hace capaces de revelar varias capas de conocimiento, de acuerdo con la etapa de desarrollo del oyente. Los "secretos" se revelan a la vez que uno evoluciona. Cuanto más alto llegamos, más nos damos cuenta. Siempre está ahí.

Cualquier buen escritor o profesor sabe que las historias son mejores que la exposición para explicar el comportamiento de las cosas, porque las relaciones de las partes entre sí y con el todo, se guardan mejor en la mente. Las sagas egipcias transformaron los sustantivos y adjetivos de los hechos (indicadores de cualidades comunes) en nombres propios pero conceptuales. Estas además fueron personificadas, por lo que podrían ser tejidas en narrativas coherentes y significativas.

Los antiguos egipcios tenían numerosas alegorías, como la de Osiris, Isis y Horus.

3.2 MONOTEÍSMO Y POLITEÍSMO

Cuando preguntamos "¿quién es Dios?", estamos preguntando en realidad "¿qué es Dios?". El mero nombre o sustantivo no nos dice nada. Sólo se puede definir a "Dios" a través del conjunto de "sus" múltiples atributos, cualidades, facultades y/o acciones. Conocer a "Dios" es conocer las numerosas cualidades de "Dios". Cuanto más aprendemos sobre estas cualidades (conocidas como *neteru*), más nos estamos acercando a nuestro origen divino.

Lejos de ser una forma primitiva y politeísta, esta es la más alta expresión de la mística monoteísta.

Los egipcios consideraban al universo como un acto consciente de la creación del Único Gran Dios. La doctrina fundamental era la unidad de la Deidad. Este Dios Único nunca fue representado. No obstante, sus funciones y los atributos de sus dominios sí fueron representados. Una vez que se hizo referencia a sus funciones y atributos, se convirtió en un ente distinguible, revelando su particular función y su influencia en el mundo. Sus diversas funciones y atributos como el Creador, el Sanador y similares, fueron llamadas neteru (en singular, neter en la forma masculina y netert en la forma femenina). Como tal, un neter o netert egipcio no era un dios o una diosa, sino la representación de una función y/o atributo de un Único Dios.

[Para aprender más sobre el neteru del Antiguo Egipto, lea *Egyptian Divinities: The All Who Are THE ONE* de M. Gadalla.]

3.3 SIMBOLISMO ANIMAL

Para los antiguos egipcios, todos los animales/aves simbolizaban y encarnaban ciertas funciones y principios divinos, de un modo particularmente puro y representativo. Como tal, los *neteru* (dioses y diosas) animales o con cabeza de animales son expresiones simbólicas de una profunda comprensión espiritual. Cuando se representa a un animal entero en el antiguo Egipto, se está representando una función o un atributo particular en su forma más pura. Cuando se representa una figura con una cabeza de animal, se transmite esta particular función o atributo al ser humano. Las dos formas de Anubis, en las dos ilustraciones mostradas aquí, distinguen claramente estos dos aspectos.

Tomemos el ejemplo del perro que encarna la esencia del guía espiritual. El perro o chacal es conocido por su infalible instinto de retorno al hogar, de día o de noche. El perro es muy útil en búsquedas y es el animal elegido para guiar a los ciegos. Como tal, es una excelente opción para guiar el alma del difunto a través de las regiones de Duat.

La función metafísica de Anubis, representado por un perro, se refleja en su dieta. El perro o chacal se alimenta de carroña, convirtiéndola en un alimento aprovechable. En otras palabras, Anubis representa la capacidad de convertir los residuos en alimentos útiles para el cuerpo (y el alma), como en el proceso alquímico de transformar el plomo en oro.

Se pueden encontrar diversos ejemplos del simbolismo animal en *Egyptian Divinities: The All Who Are THE ONE*, de Moustafa Gadalla.

3.4 LA CREACIÓN DEL UNIVERSO

Para la gente profundamente religiosa de Egipto, la creación del universo no fue un acontecimiento accidental que acababa de suceder. Era un hecho ordenado que se preplaneó y ejecutó según unas Leyes Divinas ordenadas que rigen los mundos físico y metafísico. Así, leemos en el *Libro de Conocimiento de las Creaciones de Ra y de la Destrucción de Apep (Apofis)*, conocido como el *Papiro de Bremner-Rhind*:

> *Yo concebí el plan divino de la ley u orden (Maat) y vinieron a la existencia multitud de formas. Estando solo.*

La creación es la clasificación (darle una definición/poner orden en) todo el caos (la energía/materia y la conciencia indiferenciada) del estado primitivo. Toda las explicaciones del Antiguo Egipto de la creación exhibieron esto con etapas claramente delimitadas y definidas. Debe considerarse, que el proceso de la creación del Antiguo Egipto es completo, lógico, ordenado y se ajusta a los hallazgos científicos posteriores del mundo occidental.

[Para obtener más información acerca de los relatos de la creación coherentes y científicos del Antiguo Egipto lea: *Cosmología egipcia: El universo animado; The Egyptian alphabetical Letters of Creation Cycle:* y *Egyptian Divinities; The All Who Are The ONE* todos de Moustafa Gadalla.

[Para el hombre y su función en el universo lea *Cosmología egipcia: El universo animado; y Místicos Egipcios – Buscadores del camino* ambos de Moustafa Gadalla].

[Para más información sobre la expansión de la religión egipcia en todo el mundo lea *Isis – La mujer divina* y *Raíces del Cristianismo en el Antiguo Egipto* ambos de Moustafa Gadalla].

Capítulo 4 : El orden social y político

4.1 SOCIEDAD MATRILINEAL/MATRIARCAL

Lo que consideramos que es una estructura "política", era para los antiguos egipcios un aspecto natural de su estructura social. Para lograr la perfecta armonía universal, la estructura social debe reflejar la misma jerarquía ordenada del universo creado. La supervivencia y el éxito humano precisa que se mantenga la misma estructura ordenada. Como es arriba, es abajo es la única forma de lograr el orden y la armonía. A raíz de ello, los egipcios antiguos (y baladís) han adoptado el sistema matrilineal/matriarcal, como la manifestación social de las leyes planetarias.

En la historia del modelo del Antiguo Egipto, Isis representa al sol, y su marido Osiris a la luna. La luz de la luna (Osiris – el faraón) es el reflejo de la luz del sol (Isis – La Reina). El sistema social/político del Antiguo Egipto cumple con la relación entre el sol (lo femenino) y la luna (lo masculino). Por ello, esta ley social/política se reflejó en la alegoría egipcia de Osiris, que se convirtió en el primer faraón de Egipto debido a que se casó con Isis. En el Antiguo Egipto la representación de Isis es *Auset* que significa *asiento*, es decir, *autoridad,* y es el principio de la legitimidad, el trono físico actual, como se representa en el simbolismo del Antiguo Egipto.

En la tierra, lo femenino es la fuente de la energía, el sol. El sistema matrilineal/matriarcal sigue las leyes planetarias.

Durante toda la historia egipcia, la reina fue quien transmitía la sangre solar. La reina era la soberana verdadera, poseedora de la realeza, y guardiana de la pureza del linaje. Los reyes egipcios reclamaban el derecho al trono a través del matrimonio con las princesas egipcias primogénitas. Con el matrimonio, ellas transmitían la corona a su esposo, que solo actuaba como su agente ejecutivo.

Los faraones, así como los líderes de localidades más pequeñas, se adherían a este sistema matriarcal. Si el faraón/líder no tenía hijas, finalizaba una dinastía y comenzaba otra nueva, con una nueva mujer soltera venerada como una nueva semilla para una nueva dinastía.

Ya que las mujeres eran las herederas legitimas al trono, jugaban una parte fundamental en los asuntos de estado, actuando como un tipo de agente de poder. Las reinas de Egipto ejercían una influencia excepcional, como asesoras de los faraones.

Registros que se conservan del Reino Medio (2040–1783 AEC) muestran que los *nomos* (provincias) de Egipto pasaron de una familia a otra mediante las herederas; por lo tanto quien se casaba con la heredera gobernaría la provincia.

Las prácticas matrilineales en Egipto también se aplicaron a toda la sociedad, según se desprende de la estela funeraria de todo tipo de personas a través de la historia registrada conocida, donde la costumbre habitual era trazar la descendencia del difunto por el lado de la madre, y no por el del padre. Se indica la madre de la persona, pero no el padre, o si se menciona, es solo de manera secundaria. Esta tradición todavía perdura de manera secreta (ya que es contraria al Islam) entre los egipcios baladís.

4.2 LAS COMUNIDADES MATRILOCALES

El sistema matrilineal era la base de la organización social/política del Antiguo Egipto. Por ello, los matrimonios egipcios antiguos (y baladís) viven con la familia de la esposa. Por consiguiente, existe una tendencia inconfundible hacia la residencia matrilocal entre familias extensas. El mismo sistema se puede encontrar en las comunidades de España llamadas *pueblos*.

Vivir con los padres de la novia es la norma preferida. Incluso cuando la mujer joven abandona el hogar maternal, esta se establece en las proximidades con un patrón que podría llamarse matrivecindad. Es decir, el recién casado intenta mudarse a un casa cercana o en las proximidades de la madre de la novia, para que la mujer no esté casi nunca separada. Además, los niños de la familia se educaban cerca de sus tíos por parte de la madre. Un proverbio común egipcio confirma esta relación especial entre los niños y sus tíos maternos: *"El tío materno es* (como) *un padre".*

Una comunidad matrilocal generalmente consta de varias familias matrilineales extensas que comparten la misma línea femenina, que viven en recintos agrupados en un área estrecha, o distribuidos en grupos. Cada familia está especializada en lo que destaca, y entre los linajes familiares vecinales, las diferentes tareas son divididas de manera armoniosa. Cada comunidad matrilocal dispone de su propio centro religioso (santuario), para honrar a los antepasados fundadores de su comunidad.

Las comunidades matrilocales autosuficientes forman un modelo sociopolítico básico que varía desde unas pocas familias (25 – 50 personas) hasta algunas con varios miles. Cada familia tiene un líder, o jefe de familia, que es responsable del bienestar material y espiritual de cada miembro. Además mantiene la ley, el orden, la justicia y la armonía. También, son elegidos varios sublíderes de cada hogar de la comunidad. Los ancianos de cada linaje familiar resuelven las disputas internas entre los miembros de sus linajes.

En algunas regiones donde las personas han sido atacadas por extranjeros, que crearon refugiados y/o fueron obligados a asentamientos por los extranjeros, la comunidad del pueblo puede constar generalmente de familias de reservas étnicas totalmente diferentes. Cuando ninguno de los miembros de un pueblo comparte lazos de sangre, el jefe del linaje y los ancianos guían aún así la comunidad.

Los ancianos, que representan los linajes establecidos de la comunidad, formaban un consejo (órgano legislativo), que elegía a un jefe y que le asistían en el gobierno de la comunidad. El consejo de ancianos funcionaba como un tribunal que ayudaba a este jefe a distribuir el acceso a los recursos (como la tierra, los derechos del agua, etc.), realizar rituales, organizar obras públicas planificadas como instalaciones cooperativas y graneros para almacenar productos, etc.

El jefe de la comunidad matrilocal (como en el modelo de Osiris) es más un "supervisor" que un gobernante. Su legitimidad para gobernar sobre su gente, proviene de seguir los principios matrilineales, como se explicó anteriormente. Su función principal era/es unir (directamente y/o con otros intermediarios espirituales) la comunidad por medio de un ritual a la autoridad de los espíritus locales de la tierra y los fantasmas de los líderes del pasado, en el contexto explicado anteriormente.

Las creencias de los egipcios antiguos y baladís en el Animismo también quedaron reflejadas en sus relaciones tradicionales entre las personas y la tierra. Los egipcios creían y creen que la tierra no tenía ningún valor separada de las personas, y, por el contrario, que las personas no podrían existir sin la tierra. Como tal, todos los seres vivientes deben reconocer, respetar y coexistir con los residentes sobrenaturales de la tierra. Los espíritus de un lugar (árboles, rocas, ríos, animales y objetos) fueron identificados y aplacados por los fundadores originales, que llegaron y habitaron la tierra en un momento anterior.

Los derechos de un grupo, definidos por descendencia genealógica común, estaban vinculados a un lugar en particular y a sus asentamientos, y no a través de la "propiedad privada" y esto se debía a su pacto con los espíritus primordiales de la tierra o del lugar. Los espíritus, tanto de la familia como del lugar, exigían lealtad a las virtudes comunitarias y a la autoridad de los ancianos en la conservación de las creencias y prácticas antiguas.

Por lo tanto, todas las personas vivientes se unen a la población de espíritus locales preexistentes en un nuevo pacto entre ellos y los espíritus locales preexistentes. Este pacto legitimó su llegada. A cambio de rendir homenajes regulares a estos espíritus, los fundadores podrían reclamar el acceso permanente a los recursos locales. De este modo, se convirtieron en el linaje a cargo del sacerdocio hereditario local y del gobierno del pueblo, y fueron y son reconocidos como los "inquilinos del lugar" por los humanos que llegaron posteriormente.

Tal respeto por los espíritus de la tierra es indicativo de un pueblo que no violará nadie o cualquier tierra. Los egipcios, como tales, son personas muy pacíficas.

4.3 EL SISTEMA DE REPÚBLICA COMUNITARIA

Los antiguos egipcios reconocían que las necesidades de cada comunidad matrilocal no pueden satisfacerse totalmente con solo la producción local. Con el fin de proteger la individualidad de la política y su coherencia político-social, se necesitaba un sistema de cooperación entre varios entes políticos, que sería una alianza de tipo commonwealth, donde se formaban coaliciones para compartir las tareas y las responsabilidades específicas que pudiesen beneficiar a todos. Esto fue organizado, como lo confirmó Estrabón, en básicamente tres niveles: comunidad matrilocal, jurisdicción del distrito y provincia (nomos). Estas formas de organización han variado de una zona a otra, y de una época a otra. En el Antiguo Egipto, estas organizaciones políticas no coercitivas eran una tradición.

A diferencia de los gobiernos de tipo centralizado autocrático, la forma de un gobierno del tipo commonwealth reconoce la importancia de las grassroots, las comunidades locales.

Se forman coaliciones para compartir las tareas y las responsabilidades específicas que pueden beneficiar a todos, tales como proyectos comunitarios públicos (riego, carreteras, graneros, etc.), comercios, tratados, tratados de no agresión, derechos de paso, etc. Contrariamente al pensamiento autocrático de la academia, el gobierno organizativo del Antiguo Egipto no se formó desde la parte superior (faraón) hacia la parte inferior (comunidad local). Se formó desde la parte inferior hasta la parte superior, desde las comunidades locales matrilocales a los distritos, de ahí a la regional y terminando a un nivel "nacional", y cada una bajo su gobierno elegido. Cada nivel organizativo tenía la misma forma, solamente reproducido en una escala menor o mayor, al ser un órgano representativo con sus interventores administrativos.

El sistema político del Antiguo Egipto era coherente con nuestros eslóganes actuales de "gobierno limitado", "gobierno por necesidad", "el mejor gobierno es el menor gobierno" y *gobierno del pueblo, por el pueblo y para el pueblo*".

Las alianzas entre las comunidades y regiones podían ser dirimidas, modificadas o reestructuradas, es decir, un gobierno por necesidad, para propósito(s) y/o duración(es) específicos, y así se hizo a lo largo de la historia del Antiguo Egipto. No debemos malinterpretar tales cambios como agitación o caos, sino como la verdadera aplicación de *"vive y deja vivir"*. Se trata de una verdadera democracia de base. Un ejemplo sería el Estado en todo Egipto durante la Dinastía XXII, que se puede deducir de la larga inscripción del rey Takelot II (860–835 AEC), en el templo de Karnak. A partir de este texto, queda claro que hubo varios gobiernos regionales, cada uno con su propio rey o líder. No había señales de guerras o conflictos durante este tiempo, contrariamente a la percepción de los académicos occidentales, que están obsesionados con la idea de un gobierno centralizado y que en el supuesto de carecer de él, esto significa el caos, la lucha, y la guerra civil, ¡etc! Las regiones egipcias constan de un gobierno tipo mancomunidad, donde las personas se alían juntas en asuntos de interés común. Las entidades políticas provinciales cooperativas (que se llamaban nomos en el Antiguo Egipto) estaban representadas por cada uno de los líderes, para formar un consejo de ancianos/líderes. Existen varias formas de llevar a cabo tales alianzas:

1. El consejo elegía un líder local que sería reconocido como un líder de un grupo de entidades políticas.
2. El consejo elegía un líder rotatorio.
3. La/as mancomunidad/es encontraba/an y elegía/an a un líder espiritual, como un faraón cuya función principal era suplicar a los espíritus de la tierra que renovasen su fertilidad, y conseguir la ayuda de antepasados principalmente para fomentar el bienestar de la tierra y las personas. [Vea más información acerca de la función del faraón en un capítulo posterior de este libro].

El sistema egipcio es la verdadera forma de democracia republicana de base, que era la fuente de los *Diálogos* de Platón acerca de las Leyes y de la República.

4.4 EL SISTEMA DUAL DE SUPERVISIÓN/ ADMINISTRACIÓN

En cada nivel de gobierno (o más correctamente administración pública), desde la forma más pequeña a la más grande de comunidad matrilocal de Egipto, había un sistema dual de gobierno. En muchos aspectos, este sistema de gobierno dual continúa en nuestros días. En el caso de la Gran Bretaña, existe el monarca británico que es el jefe del estado, que es el jefe de la iglesia de Inglaterra, y que hereda el trono conforme a una prioridad concreta. Sin embargo, el monarca británico no se hace cargo de los asuntos diarios, que son gestionados por el primer ministro que preside/supervisa el trabajo de los diferentes ministerios/departamentos. El primer ministro actúa en nombre del monarca, aunque el primer ministro (y su partido político) son elegidos por el pueblo. Incluso encontramos un sistema de gobierno dual similar en países sin monarcas, como Alemania e Israel, con un presidente y un canciller/primer ministro.

De manera similar, teóricamente, como el jefe de la sociedad del Antiguo Egipto, el faraón, que representaba el vínculo cósmico entre los poderes natural (terrenal) y sobrenatural (divino). Su función no era gobernar, sino llevar a cabo los rituales para mantener el bienestar de la sociedad. El faraón delegaba su autoridad en el supremo/juez principal/gobernador para gestionar los asuntos diarios, que se conoce al menos desde la época del Reino Antiguo (2575–2150 AEC) como el *Segundo después del Rey*. Era el jefe de toda la administración. Cada provincia (nomo) estaba gobernada bajo el mismo sistema dual de líderes espiritual y administrativo.

Este sistema dual se hizo a medida del sistema de gobierno modelo alegórico cósmico del Antiguo Egipto, entre Amón-Ra (Rey del universo) y el gobernador, Tehuti (Tot), el neter (dios) de la sabiduría, el Juez sabio. En el Antiguo Egipto, Tehuti (Tot) representa la lengua/sonido/voz divina. Por lo tanto, Tehuti (Tot) es el ejecutivo del modelo y portavoz oficial.

Además el gobernador del Antiguo Egipto era conocido como el *juez principal*. La raíz verbal de la palabra del Antiguo Egipto para gobernador, *(qadi)* es *qada*, que significa *hacer*, es decir, el término *qadi*, en un sentido más amplio, significa *el ejecutivo*. El juez principal y el gobernador presidían sobre los jefes (ejecutivos/jueces) de los diferentes departamentos llamados las casas grandes/públicas, como agricultura, tesorería, etc.

Asimismo, a nivel regional y/o local, la oficina del gobernador tenía siempre la máxima importancia, y a su cargo se confiaba la gestión de las tierras, y todos los asuntos relacionados con la administración interna del distrito. Él (y sus superintendentes de apoyo) regulaban el estudio de las tierras, la apertura de los canales, todos los proyectos agrícolas y comunitarios, el comercio, y todos los demás intereses de la comunidad/distrito/provincia/país. Todas las causas con respecto a los bienes raíces y otras disputas accidentales se remitían al juez ejecutivo, y se ajustaban ante su tribunal.

El "gobernador" era el Oficial Ejecutivo Principal, que llevaba a cabo las políticas y las leyes que establecía el poder legislativo, el Consejo de Ancianos.

La comunidad matrilocal más pequeña disponía de un líder/rey que gobernaba con un consejo de ancianos. El consejo de ancianos, como representantes de sus familias, era equivalente al poder legislativo. Establecían las políticas y actuaban como árbitros finales (jueces), si llegara el caso. El líder (y el consejo) nombraban/seleccionaban un administrador (gobernador, juez) para que llevara a cabo los asuntos diarios. Disponía de superintendentes para varias actividades comunitarias. Él arbitraría en casos que no podían resolverse en niveles inferiores.

4.5 ORDEN DE DOCUMENTACIÓN

Los antiguos egipcios estaban muy organizados, y a menudo las personas se comunicaban con los demás mediante carta en su existencia diaria. Todas las actividades gubernamentales se ponían por escrito. La célebre premisa *lo que no puede ponerse en formato documental no existe* tenía vigencia en los asuntos egipcios. Los egipcios guardaban registros económicos y de trabajo en papiro. Estas comunicaciones escritas seguían un formato concreto, modelos de lo que ha sobrevivido hasta hoy.

Un ejemplo de la sociedad ordenada y organizada del Antiguo Egipto puede reconocerse en una solicitud, exhibida en el Museo Egipcio de El Cairo, que muestra la solicitud de una esposa para conseguir que sus gastos de viaje sean pagados, para que pudiera visitar a su marido que estaba en una misión oficial. Este ejemplo muestra el nivel de una orden gubernamental bien lubricada y altamente organizada.

Nada se hacía en el gobierno egipcio sin documentos. Las listas y los protocolos eran indispensables incluso en los asuntos comerciales más sencillos. Las imágenes de las tumbas antiguas testifican este hecho, en cuanto a si el maíz se midió o si el ganado se llevó anteriormente, los escribas siempre aparecen para registrarlo todo.

Los egipcios eran muy detallados en el formato de los documentos de ejecución, traslados, y otros contratos civiles. Los contratos de matrimonio, testamentos, ventas de propiedades, etc., siempre comienzan con la fecha de la transacción, el nombre del presidente del tribunal, y del secretario que lo escribió. Y luego le sigue el cuerpo del contrato. El documento contaba con la presencia de hasta 16 testigos.

Escribas del Reino Antiguo (Saqqara)

La figura de pie está informando del inventario a dos escribas.

En el medio está la caja que contiene los utensilios para escribir.

Edificio gubernamental (parcial) del nomo egipcio de la Gacela.

Han llegado a nosotros numerosos documentos que muestran cómo se guardaban las cuentas en los diferentes departamentos. Estos documentos muestran exactamente cuánto se recibía, de quién, y cuándo llegaba, y los detalles de cómo se utilizaba. Este cuidado minucioso no solo se tomaba en el caso de cantidades grandes, sino también para las cantidades más pequeñas de maíz o en que las fechas se introducían de manera concienzuda.

Supervisar y escribir los documentos era exactamente lo mismo, conforme a las ideas egipcias, y un "escriba" era un funcionario.

Los escribas trabajaban en todos los niveles de la administración pública y en los asuntos privados.

Había una multitud de escribas en cada departamento y en cada expedición, como el informe de Wenamun en su viaje a Fenicia y Chipre para negociar y pagar la madera (y su transporte) para la construcción de barcos egipcios.

Los diferentes documentos estaban archivados y guardados de manera ordenada para consultas posteriores. Cada documento tenía que indicar a dónde iría, por ejemplo un escriba anota: *"para copiarse"* o *"para guardarse en los archivos del gobernador"*. Después los documentos se daban al cuidado del bibliotecario principal del departamento concreto, quien posteriormente los colocaba en grandes vasijas y los catalogaba cuidadosamente.

PARTE II : LAS CORRELACIONES CÓSMICAS

Capítulo 5 : Como es arriba, es abajo

5.1 CONSCIENCIA CÓSMICA

Las escenas de las actividades diarias, que se encuentran en las tumbas egipcias, muestran una fuerte y perpetua correlación entre la tierra y el cielo. Las escenas son representaciones gráficas de todo tipo de actividades: la caza, la pesca, la agricultura, los tribunales de justicia y todo tipo de artes y artesanía. Retratar estas actividades diarias, en presencia de los *neteru* (dioses y diosas) o con su ayuda, significa su correspondencia cósmica, una fuerte correlación perpetua entre la tierra y el cielo.

Esta correlación perpetua – consciencia cósmica – se refleja en el tercer libro de los Textos Herméticos de *Asclepio* [25]:

> **...En Egipto todas las operaciones de los poderes que gobiernan y trabajan en el cielo, han sido transferidas abajo a la tierra... Debería decirse más bien que todo el cosmos habita tanto en [Egipto] como en su santuario...**

Cualquier acción, sin importar lo mundano que fuera, tuvo en cierto sentido un acto cósmico correspondiente: arar, sembrar, cosechar, elaborar cerveza, moldear una jarra de cerveza, construir barcos, llevar a cabo guerras, jugar a juegos; todas las actividades eran vistas como símbolos terrenales de las actividades divinas. En otras palabras, para los egipcios antiguos (y baladís), todos los aspectos "físicos" de la vida tenían un significado simbólico (metafísico). Del mismo modo, todos los actos simbólicos de expresión tenían un fondo "material".

Los siguientes son algunos pequeños ejemplos de los significados metafísicos de las actividades físicas terrenales, como se representaban en las escenas de la pared en las tumbas del Antiguo Egipto:

1. La escena de siembra y de cosecha de la tumba típica egipcia tiene un paralelismo con la parábola bíblica, *"Lo que cada uno haya sembrado, eso cosechará"*. Esta tenía por objeto ser un mensaje espiritual, no un consejo agrícola

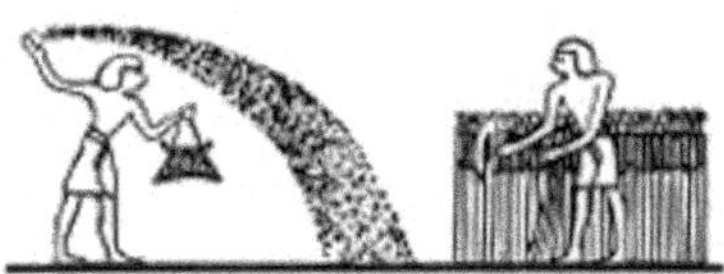

2. El proceso de cultivo, recolección, prensado y fermentación para la elaboración del vino es una metáfora del proceso espiritual, que puede equipararse al simbolismo bíblico del vino.

Las paredes de las tumbas del Antiguo Egipto muestran a vinateros prensando vino nuevo, y la elaboración del vino está en todas partes como una metáfora constante de los procesos espirituales y de los temas de transformación y poder interior.

El alma, o la parte de dios dentro, causa la fermentación divina en el cuerpo de vida. Se desarrolla allí, como en el vino, mediante el sol del ser espiritual del hombre. La potencia fermentada del vino era, como su nivel espiritual más profundo, un símbolo de la presencia del dios encarnado dentro de la persona consciente espiritualmente.

3. Una mujer/hombre olfateando en el loto es un tema constante

en las tumbas egipcias. El perfume del loto es su esencia espiritualizada, similar al "olor de la santidad" en las tradiciones cristianas. La representación del loto es muy común en la simbología egipcia. Los cuatro discípulos ("hijos") de Horus a menudo se muestran surgiendo de una flor de loto. Además, Nefertum, hijo de Ptah, el fuego creativo, nace del loto.

4. La escena de la red de pájaros y las diferentes especies de pájaros representadas en las paredes tienen una importancia metafísica concreta. En general, estos pájaros salvajes representan los elementos espirituales "salvajes" que pueden capturarse, enjaularse, a veces domesticarse, u ofrecerse a los neteru (dioses/diosas) en sacrificio. Un paralelismo moderno en simbolismo se da en la ópera masónica de Mozart, La flauta mágica, donde Papageno es el espíritu libre que está especializado en atrapar a los pájaros salvajes.

5. Las escenas de pesca son abundantes en los templos y tumbas egipcias. En los textos egipcios, Horus asume la forma de un pescador y sus cuatro discípulos ("hijos") también pescan con él.

Cristo utilizó un simbolismo similar para hacer a sus discípulos pescadores de hombres.

5.2 LAS FESTIVIDADES DE RENOVACIÓN CÍCLICA

El tema principal de los textos del Antiguo Egipto es la naturaleza cíclica del universo y la constante necesidad de renovar dichos ciclos, mediante las festividades apropiadas. Los egipcios veían/ven estas festividades como parte de la existencia humana, que constituye el ritmo de la vida de la comunidad y de la persona. Este ritmo es la consecuencia del orden de la vida cósmica.

Los ritos afectan a la renovación y rejuvenecimiento de la vida de los cosmos, de la comunidad y de la persona. Estos ritos tenían/ tienen el poder de provocar el rejuvenecimiento y el renacimiento de la vida divina. El hecho de no celebrar los festivales en las fechas y horas apropiadas podría muy bien producir sentimientos individuales o colectivos de culpabilidad. En este sentido, las festividades del Antiguo Egipto (y las actuales) surgieron para desempeñar la función de las leyes de las renovaciones cosmológicas (religiosas). La mayoría de los egipcios no sólo esperan una bendición para seguir su participación, sino que también temen que alguna desgracia les suceda si descuidan este acto.

La finalidad de las festividades egipcias era (y continúa siendo) el rejuvenecimiento y la renovación de las energías cósmicas. Durante las numerosas festividades religiosas del Antiguo Egipto, los participantes recurren a la verdad arquetípica de sus consciencias cósmicas – *como es arriba, es abajo, y como es abajo, es arriba.* Toda festividad sagrada actualiza el ciclo sagrado arquetípico. Estos ciclos sagrados forman parte ya del calendario. Más concretamente, el calendario servía para indicar cuándo se manifestaban los poderes cosmológicos (neteru/dioses) y sus ciclos de renovación. Todos los antiguos escritores romanos y griegos afirmaban esta tradición del Antiguo Egipto, como Plutarco, en su *Moralia Vol. V* (377, 65):

> ***...Ellos [los egipcios] pretenden asociar la actividad de estos dioses con las variaciones atmosféricas, con la producción de los frutos, con la siembra y el cultivo agrícola...»***

Todos los elementos y normas que gobiernan las festividades del Antiguo Egipto son aplicables exactamente a las festividades actuales con programas organizados y detallados.

Los egipcios baladís siguen considerando las festividades y sus rituales como el clímax de sus prácticas religiosas, que son fundamentales para el orden y la armonía del cosmos, y por extensión del bienestar de uno y de todos.

Todas las mouleds actuales (excepto las de Mahoma y las de su familia directa) son una continuación de las festividades del Antiguo Egipto, camufladas bajo nombres islámicos. [Más detalles en *Místicos Egipcios – Buscadores del camino* de Moustafa Gadalla.]

Capítulo 6 : El faraón, el vínculo cósmico

6.1 EL AMO SIERVO

Al contrario que la imagen distorsionada del faraón mostrada en la Biblia y en Hollywood como un tirano cruel, que vivía una vida sencilla, inútil y fastuosa, el faraón no tenía poder político, vivía en una vivienda de ladrillo de adobe, y empleaba su tiempo en desempeñar su función actuando de intermediario entre los mundos natural y sobrenatural, al dirigir los ritos y sacrificios. Los faraones egipcios no aspiraban a liderar los ejércitos victoriosos, sino a garantizar una serie uniforme de cosechas abundantes. Se identificaban con los cultivos, y eran tratados como: *Nuestro cultivo* y *Nuestras cosechas*.

En primer lugar, la función principal del faraón era fundamentalmente religiosa. Era un representante del pueblo a los poderes del universo/neteru/energía. Debía elevarse a ellos. Era el conducto, el intermediario. Era la fuente de prosperidad y bienestar del estado, a su pueblo. Era su siervo, no su tirano. Plantaba las semillas al comienzo de la temporada y recogía el "fruto" en el período de cosecha. Empleaba su tiempo en servir a los intereses de su pueblo, llevando a cabo sus rituales necesarios, de un templo a otro por todo el país.

Basado en su amplia formación con los poderes de lo sobrenatural, se creía que el cuerpo del faraón estaba cargado con un dinamismo divino que se comunicaba a todo lo que tocaba.

La autoridad de un líder/rey, y su legitimidad para gobernar a su pueblo, proviene de su aceptación por parte de sus súbditos como el descendiente del antepasado fundador del pueblo. Era, en esencia, el vínculo cósmico entre el presente y el pasado.

El derecho a gobernar se consideraba como una cadena de legitimidad continua, que se basaba en los principios matriarcales, donde la línea de descendencia real en Egipto era a través de la hija primogénita. Quien se casaba con ella, se convertía en el faraón. Si el faraón no engendraba una hija, se creaba una nueva "dinastía". En Egipto no había "sangre real" [como se explicó en el Capítulo 4 anterior].

6.2 EL GOBIERNO DEL PUEBLO

La conducta y el modo de vida del faraón se regulaban mediante normas prescritas, ya que su función principal era garantizar la prosperidad y el bienestar de sus súbditos. Las leyes estaban dictadas en los libros sagrados, por el orden y naturaleza de sus ocupaciones. Diodoro indicó que el faraón normalmente llevaba una vida restringida. Ni siquiera los más íntimos de sus cortesanos podían verle comer o beber, Cuando el rey comía, lo hacía en privado. La comida se le ofrecía con el mismo ritual que utilizaban los sacerdotes para ofrecer un sacrificio a los neteru (dioses, diosas). Le estaba prohibido cometer excesos; incluso el tipo y la cantidad de su comida se prescribían con precisión.

Incluso aunque el rey tenía los medios para desafiar las normas prescritas, la voz del pueblo podía castigarle a su muerte, mediante la vergüenza de excluir su cuerpo del entierro en su propia tumba. Cuando el cuerpo del rey difunto se colocaba cerca de la entrada de su tumba, se le preguntaba al pueblo reunido si alguien se oponía al entierro del rey debido a que no había realizado sus funciones. Si el público mostraba su discrepancia con murmullos fuertes, se le privaba del honor del funeral público habitual y del entierro en su tumba.

Al cuerpo de un faraón egipcio que no cumpliese sus funciones, aunque era excluido del entierro en la necrópolis, no se le rechazaba de su derecho a ser enterrado en otro lugar. Un ejemplo concreto es el emplazamiento de fosa común que se descubrió en 1876 en los alrededores cercanos del Templo Conmemorativo de Hatshepsut (conocido como "funerario") en la ribera occidental del río Nilo en Luxor (Tebas). Contenía las momias de 40 faraones, reinas y nobles, que llevaron a cabo sus funciones de una manera insatisfactoria para la población común. Tales faraones rechazados incluían momias de nombres influyentes y muy reconocidos, como: Amenhotep I, Tutmosis II y III, Seti I, Ramsés I y III.

En un libro de instrucciones, un rey egipcio le aconsejaba a su hijo, el príncipe, que alcanzase las cualidades máximas, ya que en su muerte, vería toda su vida en un solo instante, y los jueces revisarían y evaluarían su comportamiento en la tierra. Incluso desde el período de la Dinastía VI [2323 AEC], descubrimos la idea de que el cielo está reservado para aquellos que hayan realizado sus obligaciones como hombres y sus obligaciones hacia los Poderes Divinos mientras están en la tierra. Sin excepciones con respecto a un Rey o cualquier otra persona. Por ejemplo, en el texto de Unas leemos:

> *No se ha hablado en contra de Unas en la tierra delante de los hombres,*
> *no ha sido acusado de pecar en el cielo delante de los neteru* **(dioses y diosas).**

El texto nos cuenta que el faraón Unas (2323 AEC) fue admitido en el cielo después de que su valor moral, tanto hacia su prójimo como hacia dios, quedo satisfecho.

6.3 EL REY VICTORIOSO

Es ampliamente reconocido que los egipcios (antiguos y actuales) son un pueblo no bélico. Por lo tanto, Egipto no estaba interesado en la formación de un imperio, y consecuentemente tampoco en llevar a cabo ocupaciones militares. Sólo estaba interesado en neutralizar los elementos hostiles que amenazaban con perturbar su propia seguridad y tuvo que depender casi exclusivamente de mercenarios extranjeros para realizar dicha tarea. Los faraones del Nuevo Imperio utilizaban la diplomacia y el matrimonio con princesas extranjeras para evitar conflictos y sólo se utilizaba la fuerza cuando todo lo demás hubiese fallado.

La guerra, para los antiguos egipcios, seguía reglas tan estrictas como las de un juego de ajedrez y tenía rituales específicos. Eran el pueblo civilizado por excelencia. Una guerra tenía un profundo significado religioso: simbolizaba las fuerzas del orden controlando el caos y la luz que triunfaba sobre la oscuridad.

En los templos, tumbas y textos del Antiguo Egipto, se describe a los vicios humanos como extranjeros (el cuerpo enfermo está enfermo porque está o estaba invadido por gérmenes extranjeros). Los extranjeros eran dibujados como seres sometidos, con los brazos fijados o atados a la espalda, para representar el autocontrol interno. El ejemplo más claro de autocontrol es la representación común del faraón (el Hombre Perfeccionado), en las paredes exteriores de los templos del Antiguo Egipto, sometiendo o controlando a los enemigos extranjeros: los enemigos (impurezas) en su interior.

Esta misma escena de "guerra" se repite en los templos de todo el país, lo que significa que es un simbolismo y no una representación de acontecimientos históricos reales. Las escenas de "guerra" simbolizan la batalla sin fin entre el Bien y el Mal. En muchos casos no hay base histórica para dichas escenas de guerra incluso si se indica una fecha precisa. Tal es el caso de las escenas de guerra sobre el pilón del Templo de Medinet Habu, en la ribera occidental del Río Nilo en Luxor [Tebas].

Los académicos occidentales son incapaces de entender realidades metafísicas, y por tanto eliminan de los eventos históricos los aspectos metafísicos. La famosa "Batalla de Kadesh" es, en realidad, el drama personal del "hombre divino" individual (el rey en cada uno de nosotros), que con una sola mano somete a las fuerzas internas del caos y de la oscuridad. Kadesh significa santo o sagrado. Por lo tanto, la batalla de Kadesh significa la lucha interna, una guerra santa dentro de cada individuo.

Capítulo 7 : Los templos egipcios

7.1 LA FUNCIÓN/OBJETIVO DEL TEMPLO

Hay una tendencia común de ignorar la función religiosa de los templos del Antiguo Egipto. Tenemos que intentar entenderlos como la relación entre la forma y la función. En lugar de ello, son vistos por muchos simplemente como una galería de arte y/o una interacción de formas en una representación histórica vaga.

En realidad, el templo egipcio era el enlace, el medio en su justa proporción entre el macrocosmos (el mundo) y el microcosmos (el hombre). Fue un escenario en el cual tuvieron lugar las reuniones entre los *neteru* (dioses y diosas) y el rey, como representante del pueblo. Debemos intentar verla como la relación entre forma y función.

El templo egipcio era una máquina para generar y conservar la energía divina para el beneficio de todos y cada uno. Era el lugar en el cual la energía cósmica de los *neteru* (dioses y diosas) vino a habitar y a irradiar sus energías para el país y para el pueblo.

Como se describe en numerosos textos del Antiguo Egipto, el templo o pilón es:

> *...como los pilares del cielo, [un templo] como los cielos, permaneciendo sobre sus cuatro pilares... resplandeciendo como el horizonte del cielo... un lugar de residencia para el señor de los neteru...*

El poder armónico de los planos del templo, de las imágenes grabadas en las paredes, y de las formas de culto, condujeron a la misma meta, una meta que era tanto espiritual, dado que implicaba el establecimiento de fuerzas sobrehumanas en movimiento, como práctica, en la cual el resultado final esperado era la conservación de la prosperidad del país.

Por consiguiente, los templos egipcios no eran un lugar de culto público, en nuestro entendimiento "moderno". A estos lugares divinos verdaderamente solo accedía el sacerdocio, que podía entrar a los santuarios internos, donde se desarrollaban los ritos sagrados y las ceremonias. En algunos casos, solo el rey o su sustituto autorizado tenía permiso para entrar.

El público en general participaba en las numerosas grandes festividades y celebraciones celebradas fuera de los templos en honor de las diferentes deidades. La participación del público era un deber de cada uno y un aspecto esencial en el proceso de "culto", para mantener la armonía universal. [Para más información, vea *Místicos Egipcios – Buscadores del camino*, de M. Gadalla].

En general, el templo egipcio estaba rodeado de un muro macizo de ladrillo de adobe. Este muro aislaba el templo de sus alrededores, que, simbólicamente, representaban las fuerzas del caos. Metafóricamente, el adobe resultaba de la unión del cielo y la tierra. Por lo tanto, normalmente el muro de ladrillo se montaba en líneas onduladas para simbolizar las aguas primitivas, representando la primera etapa de la creación.

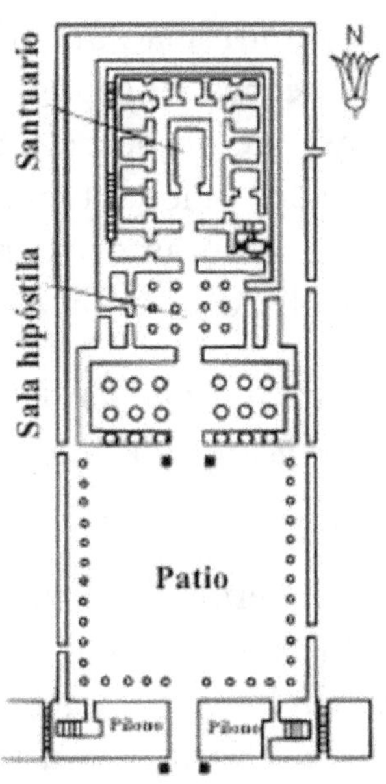

Los muros exteriores del templo se asemejaban a una fortaleza, para defenderlo contra cualquier forma del mal. En la entrada del templo se colocaban dos pilonos, más allá de los cuales se colocaba un patio público. A veces este patio disponía de columnatas a lo largo de los lados y un altar en el medio. Después, a lo largo del eje del templo, venía la sala hipóstila con pilares a menudo rodeado de salas pequeñas que se utilizaban para el almacenamiento del equipo del templo y para otras funciones secundarias. Para finalizar, se situaba el santuario, que era un habitáculo oscuro que contenía el lugar sagrado, donde se colocaba la figura del neter. Las puertas del santuario se cerraban y sellaban durante todo el año y sólo se abrían para las grandes festividades. Al santuario se le denominaba el Gran Asiento. Fuera de los muros del templo estaban las residencias del equipo sacerdotal, los talleres, los almacenes y otras estructuras auxiliares.

7.2 EL CÓDIGO DE CONSTRUCCIÓN

Todo el arte y arquitectura egipcios, incluyendo las representaciones de la figura humana, seguían un canon de proporción concreto. Dicho canon también se aplicaba a las esculturas, frisos y pinturas egipcias, y se planificaba minuciosamente conforme a las leyes armónica, geométrica y proporcional. Platón dio fe de la edad remota del canon de proporción del Antiguo Egipto, y cómo los trabajos ejecutados de los antiguos egipcios nunca cambiaron en carácter o diseño durante los anteriores 10.000 años, antes de su época (428–347 AEC).

> *Que las imágenes y estatuas hechas hace más de 10.000 años, no eran ni mejores ni peores que las que se hacían en la actualidad.*

Los templos egipcios no fueron construidos rápidamente o por un único rey, sino que fueron construidos durante muchos siglos y por sucesivos reyes. Un buen ejemplo es el enorme complejo de los grandes templos de Karnak, construidos en un periodo de más de 1.500 años. Dichos templos cuentan con seis torres, y es un logro imponente y homogéneo que produjo una distribución armónica de edificaciones, abarcando aproximadamente 2.300 metros de perímetro. Es evidente que existía un plan general previo y esto lo sabían quienes hicieron las obras posteriores en un periodo de más de 1.500 años.

Las características básicas de los planos de los arquitectos del Antiguo Egipto se dibujaron en papiro. Solo se conservan unos pocos ejemplos. Existen varios bocetos arquitectónicos que se realizaron en fragmentos calizos.

Los antiguos egipcios conocían la proporción armónica, mucho antes de su época predinástica (hace más de 5.000 años), y continúa a lo largo de su historia.

7.3 LOS PARÁMETROS DE DISEÑO ARMÓNICO

Se logró el diseño armónico en la arquitectura del antiguo Egipto a través de la unificación de dos sistemas:

1. aritmético (números significativos a lo largo del eje de una línea central)
2. gráficos (cuadrados, rectángulos y algunos triángulos).

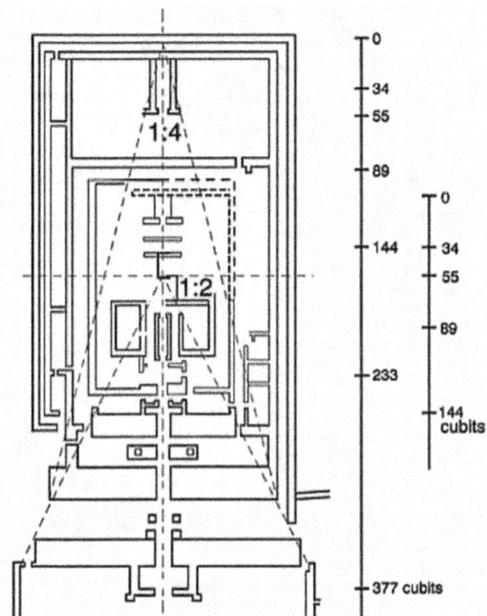

[Mas detalles sobre el diseño y la geometría sagrada, lea *The Ancient Egyptian Metaphysical Architecture* por Moustafa Gadalla.]

[Mas detalles sobre los festivales, lea *Místicos egipcio – Buscadores del camino* por Moustafa Gadalla.]

[Mas detalles sobre los rituales del templo, lea *The Ancient Egyptian Metaphysical Architecture* por Moustafa Gadalla.]

[Mas detalles sobre diseños y detalles de varios templos, lea *The Ancient Egyptian Metaphysical Architecture* por Moustafa Gadalla.]

PARTE III : LOS EGIPCIOS ERUDITOS

Capítulo 8 : El lenguaje divino

8.1 EL LENGUAJE DE LA MADRE DIVINA

Cuanto más se estudian los diferentes lenguajes (y dialectos) en el mundo, cada vez resulta más y más claro que hubo un lenguaje único originalmente que se dividió en diferentes lenguas. La Biblia y los escritos antiguos confirman dicho lenguaje original. Debido a los prejuicios y falso orgullo del mundo académico occidental y los fanáticos religiosos (Judaísmo, Cristianismo e Islam), se ha ignorado el origen de este lenguaje de la madre universal. Evidencias ratifican que el Antiguo Egipto es la fuente única del lenguaje universal. Sobre este tema, Platón admite el papel de Egipto en sus *Diálogos* [*Filebo* 18-b, c, d]:

SÓCRATES: Descubrir que la voz es infinita fue la obra de un Dios o de algún hombre divino, <u>como se refiere en Egipto de un cierto Teut</u> que fue el primero que percibió en este infinito las vocales, como siendo, no una, sino muchas; después otras letras, que sin participar de la naturaleza de las vocales tienen, sin embargo, cierto sonido, y reconoció en ellas igualmente un número determinado; distinguió también una tercera especie de letras, que llamamos hoy día mudas; y después de estas observaciones, separó una a una las letras mudas o privadas de sonido; en seguida hizo otro tanto con las vocales y las medias, hasta que, habiendo descubierto el número de ellas, dio a todas y a cada una el nombre de elemento. Además, viendo que ninguno de nosotros podría aprender ninguna de estas letras aisladamente, sin aprenderlas todas, imaginó el enlace como una

La anterior referencia a Teut mencionado en el Fedro, donde se
dice explícitamente que era un neter (dios) del Antiguo Egipto,
**"el mismo a que está consagrado el pájaro que los egipcios llaman
Ibis"**, para evitar cualquier duda sobre su identidad. Es obvio que
su consideración está basada en una tradición egipcia genuina, ya
que Tehuti (Tot) es un neter (dios) egipcio.

Tehuti (Teut), el que tiene cabeza de Ibis

Platón, en *Filebo* [18-b, c, d], nos dice (en su manera poco clara)
que:

1. El Teut egipcio [Tot, Tehuti] fue el primero en observar la
    "infinidad del sonido" que se dividía en tres categorías
    diferentes: vibraciones regulares (tono), vibraciones
    aleatorias (ruido) y silencio (ausencia de sonido).
2. Teut [Tot, Tehuti] aisló los elementos de sonido individuales
    en cada una de estas categorías 'hasta que supo el número
    de ellas'.
3. Teut [Tot, Tehuti] es el descubridor del concepto de letras.
    Cada letra individual es una imagen de su propio sonido

(música visual), indicativo de la unidad de discurso y caligrafía, es decir sonido y forma.

4. Cada "letra" es una unidad original que consta de sus patrones vibracionales únicos.

8.2 LA FORMA DE ESCRITURA ALFABÉTICA

Está muy claro que Platón (en *Filebo* [18-b, c, d]) no se refería a las formas pictóricas de expresión (jeroglíficos), sino más bien a la expresión mediante letras diferentes e individuales, cada una con su valor de sonido concreto. También otros escritores clásicos indicaron que Egipto fue la fuente original de los alfabetos. Contrario a los hechos, los fenicios se otorgaban el mérito de inventar los alfabetos. La siguiente cita del libro de Isaac Taylor, *The History of the Alphabets, Vol. I* [pág. 83], separa los hechos de la ficción:

> *La tradición del mundo antiguo, que asignó a Fenicia la gloria de la invención de las letras, también manifestó, aunque en muchas notas dudosas, que esta era de Egipto de quien los fenicios originariamente obtuvieron el conocimiento del arte de la escritura, que posteriormente llevaron a Grecia. Eusebio de Cesarea ha preservado un pasaje de los presuntos escritos del historiador llamado Tirio Sanjuniatón, del cual recogemos que <u>los fenicios no reclaman ser los inventores del arte de la escritura, sino que admitían que la obtuvieron de Egipto. Platón, Diodoro de Sicilia, Plutarco, Aulo Gelio y Tácito, todos repiten el mismo testimonio</u>, probando por consiguiente la gran difusión de la corriente en todo el mundo antiguo de que <u>el primer origen de las letras debe buscarse en Egipto</u>. Debe bastar citar las palabras de Tácito, quien decía, "Primi per figures animalium Aegyptii sensus mentis effingebant; (ea antiquissima monimenta memoriae humanae inpressa saxis cernuntur) et litterarum semet inventores perhibent. Inde Phoenicas, quia mari praepollebant, intulisse Graeciae, glorimque adeptos, tanquam reperirint quae acceperant".* Tácito, Ann., xi, 14.

Los académicos occidentales más modernos afirman explicita e implícitamente que el alfabeto del Antiguo Egipto (y el lenguaje) son las fuentes más antiguas del mundo. En su libro, *The Literature of the Ancient Egyptians* [página xxxiv-v], el egiptólogo alemán Adolf Erman admite,

> ***Solo los egipcios se dedicaron a aplicar un método extraordinario, a partir del cual alcanzaron la expresión máxima de la escritura, el alfabeto...***

El egiptólogo británico, W.M. Flinders Petrie, en su libro, *The Formation of the Alphabets* [página 3], concluyó,

> ***Sin duda, desde el principio de las épocas prehistóricas, en Egipto se utilizó un sistema cursivo compuesto por signos lineales, lleno de variedad y distinción.***

Petrie ha recopilado y tabulado letras-formas alfabéticas de muy diferentes épocas; la más antigua pertenece a la época prehistórica antigua de Egipto, probablemente de antes del año 7000 AEC, ampliándose a las épocas griega y romana. Además Petrie recopiló (de diferentes académicos independientes), letras-formas alfabéticas de aspecto similar de 25 ubicaciones de Asia Menor, Grecia, Italia, España y otras ubicaciones de toda Europa, todas ellas son mucho más recientes que las letras-formas alfabéticas del Antiguo Egipto.

La tabulación de Petrie de estos signos alfabéticos muestra que:

1. Todas las letras-formas alfabéticas están presentes en el Antiguo Egipto desde las antiguas épocas predinásticas (más de 7.000 años), antes que en cualquier lugar del mundo.
2. Todas las letras-formas alfabéticas egipcias se distinguen claramente en la más antigua recuperada la llamada "escritura hierática" egipcia, de hace más de 5.000 años.
3. Exactamente las mismas letras-formas del Antiguo Egipto

se adoptaron y propagaron posteriormente por otros pueblos de todo el mundo.

8.3 LA IMAGINERÍA Y LOS MODOS DE ESCRITURA ALFABÉTICA

Debe hacerse hincapié en que ni Platón (en *Filebo* [18-b, c, d]), ni cualquier otro escritor clásico, incluyendo a Clemente de Alejandría (en *Stromata Libro V* [capítulo IV]), nunca indicaron que la forma de escritura alfabética egipcia tuviese una forma "cursiva" o "degenerada" de los jeroglíficos pictóricos del Antiguo Egipto. Aún descaradamente, algunos "académicos" recurrieron a la escritura de Clemente de Alejandría para insistir que de los jeroglíficos surgía una escritura más cursiva conocida por nosotros como hierática, y que de la escritura hierática emergía de nuevo una caligrafía más rápida a veces llamada enchorial o demótica.

Muchos académicos racionales, no obstante, reconocieron que las escrituras pictóricas son una serie de imágenes que transportan significados conceptuales y no valores de sonido individuales, como el egiptólogo británico W.M. Flinders Petrie, quien escribió en su libro, *The Formation of the Alphabets* [pág. 6],

> *La cuestión de si los signos [alfabéticos] provienen de los jeroglíficos más pictóricos, o si fueron un sistema independiente, ha sido muy poco observada por los escritores sobre este tema, por lo que* <u>*la cuestión se ha decidido más de una vez sin ninguna consideración hacia los diferentes detalles implicados.*</u>

En el Antiguo Egipto había varios estilos de escritura (formal, cursiva, semiformal o semicursiva). Algunas eran extremadamente estilizadas/vistosas/ornamentadas, otras eran sencillas y simples. La orientación de la escritura variaba en la dirección de horizontal (de derecha a izquierda) a vertical (de arriba abajo) o viceversa. En algunos casos, utilizaban una combinación de horizontal y vertical para la misma palabra, y/o la misma frase. El objetivo de cada documento determina el estilo de escritura utilizado. Estos modos de escritura producían diferentes formas de las letras en distintos momentos. A los extranjeros les parecen diferentes estilos, los ojos no cualificados los asumen como diferentes alfabetos, pero las personas de la misma cultura, leen estas diferentes escrituras manuscritas como un único lenguaje.

Por medio de la simple repetición (y contrario a los hechos), se ha dicho que se desarrolló una forma de escritura "Copto", que consta de letras del alfabeto griego, con seis caracteres adicionales (derivados de la caligrafía demótica) para expresar sonidos que era propia del lenguaje egipcio. La caligrafía llamada "copto"/"griega" es de hecho una forma de escritura cursiva egipcia. Era una de las diferentes formas regionales reconocidas de caligrafías conocidas en ese momento. Fueron los griegos quienes las adoptaron de los egipcios, cuando llegaron a Egipto como mercenarios o para estudiar, y no a la inversa.

En el siglo XVII, el padre Atanasio Kircher reconoció, en sus amplios trabajos de análisis, que la caligrafía "griega" provenía del Antiguo Egipto. Y por eso, fue ridiculizado gravemente por sus colegas europeos.

8.4 LOS SÍMBOLOS/CALIGRAFÍA METAFÍSICA PICTÓRICA

Se conoce comúnmente al sistema pictórico de los antiguos egipcios como jeroglíficos, que comprenden un gran número de símbolos. La palabra jeroglífico significa escritura sagrada (hieros = sagrado, glyphein = impresión). La escritura jeroglífica se utilizó en los templos egipcios hasta aproximadamente el año 400 EC. Todos los signos de los jeroglíficos son imágenes del mundo natural egipcio, y por lo tanto eran de origen egipcio, ni importados ni influenciados por otras culturas.

Cada símbolo pictórico vale más que mil palabras, representando esa función o principio, simultáneamente en todos los niveles desde la manifestación física más obvia o sencilla de esta función, hasta la más abstracta y metafísica. Este lenguaje simbólico representa una gran cantidad de informaciones físicas, fisiológicas, psicológicas y espirituales en los símbolos representados, como el análisis del simbolismo del perro, comentado anteriormente en este libro.

El concepto metafórico y simbólico de los jeroglíficos fue reconocido por unanimidad por todos los primeros escritores que se refirieron a este asunto, como Plutarco, Diodoro, Clemente, etc.

La mejor descripción llegó de Plotino, que escribió en *Las Enéadas* [Vol. V, 6],

> *A esto llegaron, en mi opinión, los sabios de Egipto, bien medio de una ciencia exacta, bien de una manera natural. Y así, respecto a las cosas que quieren mostrar con sabiduría, no se sirven de tipos de letras que se desenvuelven en discursos y en proposiciones, representando a la vez sonidos y palabras, sino que dibujan imágenes, cada una de las cuales se refiere a una cosa distinta. Estas imágenes son grabadas en los templos para dar a conocer el detalle de cada cosa, modo que cada uno de los signos constituye una ciencia y una sabiduría, una cosa aprehendida de una vez y no algo parecido a un pensamiento o a una deliberación. De esta sabiduría conjunta proviene a continuación una imagen que se desenvuelve en otra cosa y que aparece formulada en un decurso de pensamiento que descubre las causas por las que cosas son, todo lo cual hace que se admire la belleza de lo que así está dispuesto. Quien conozca estas cosas tiene que mostrar su admiración ante una sabiduría que, sin poseer las causas por las que los seres son lo que son, pone realmente estas causas al descubierto para todos aquellos que proceden según ella.*

En la Dinastía XII (2000–1780 AEC), se utilizaron con más o

menos frecuencia cerca de 700 signos. Existe un número prácticamente ilimitado de estos símbolos naturales.

Debido a que el descifrado de los jeroglíficos del Antiguo Egipto está fuera del alcance de las capacidades del mundo académico occidental, los han denominado como una forma primitiva de escritura. Los arrogantes egiptólogos académicos escogieron 24 símbolos de entre los cientos de jeroglíficos, y los llamaron *alfabeto*. A continuación, dieron diferentes "funciones" a otros cientos de símbolos, llamándoles "silábicos", "determinativos", etc. Inventaron las reglas a medida que progresaban, y el resultado final fue el caos. Se puede ver fácilmente la pugna del mundo académico para comprender los textos jeroglíficos (metafísicos) del Antiguo Egipto.

8.5 EL LENGUAJE SOFISTICADO

Los textos del Antiguo Egipto reflejan la alta cultura del lenguaje y del pueblo egipcios. El egiptólogo alemán, Adolf Erman, en su libro, *The Literature of the Ancient Egyptians* [página xxiv], escribió,

> *Ya hasta donde podemos remontarnos, el lenguaje egipcio muestra signos que deben ser acogidos con sumo cuidado. Es rico en metáforas y figuras retóricas, un "lenguaje sofisticado", que "compone y reflexiona" para la persona que escribe.*

El egiptólogo británico, Alan Gardiner, en su libro, *Gramática Egipcia* [página 4], escribió,

> *Una característica no menos destacable del lenguaje es su concisión; las frases y las oraciones son breves y se ciñen a lo fundamental. Las construcciones implicadas y los períodos prolongados son raros, sin embargo aparecen en algunos documentos legales. El vocabulario era muy rico. La claridad del lenguaje egipcio se ayuda mucho de un orden de las palabras riguroso...*

La variedad de temas descubiertos en los escritos del Antiguo Egipto es muy amplia, entre ellos destacamos los siguientes:

1. Textos religiosos y funerarios
2. Registros comerciales y legales
3. Literatura/documentos científicos (como papiros matemáticos)
4. Observaciones astronómicas
5. Trabajos médicos
6. Literatura de sabiduría
7. Meditaciones
8. Cartas
9. Poesía, letras e himnos
10. Magia
11. Relatos egipcios
12. Viajes

Debido a que para los antiguos egipcios no existe diferencia entre lo sagrado y lo mundano, las interpretaciones de los textos egipcios se determinan, en gran medida, por las actitudes de los académicos implicados en el trabajo. El ignorante mundo académico occidental aparecerá (y ha aparecido) con un tipo de interpretación inútil, mientras que aquellos que son verdaderamente estudiosos, harán una interpretación totalmente diferente del mismo texto, mostrando el conocimiento y la iluminación de los egipcios.

Los egipcios fueron capaces de utilizar escritos en todas las facetas de sus vidas, inventando excelentes materiales de escritura y libros. Utilizaron materiales de escritura de cuero, piedra, madera y papiro, en lugar de lo utilizado por los minoico-micénicos, babilónicos y otros que tenían que escribir sus signos sobre arcilla, un procedimiento que ha obtenido las molestas tablillas de escritura cuneiforme rudimentarias.

Los antiguos egipcios fabricaron libros al engomar juntas hojas de papiro independientes; y existen espectaculares manuscritos con una medida de 20 y 40 metros. Los egipcios utilizaban plumas y tinta de permanencia indestructible, que molían sobre paletas de madera. Estas superficies y herramientas de escritura eran numerosas, permitiendo a los escribas escribir manuscritos dibujados con signos claros, elegantes, curvos y consistentes. Utilizando una pluma (en lugar de una herramienta puntiaguda) se producen unas letras con formas más redondeadas.

[Para más información sobre los temas de este capítulo lea las siguientes cuatro publicaciones de Moustafa Gadalla:
– *The Ancient Egyptian Alphabetical Letters of Creation Cycle*
– *The Ancient Egyptian Universal Writing Modes*
– *The Musical Aspects of The Ancient Egyptian Vocalic Language*
– *The Egyptian Hieroglyph Metaphysical Language*]

Capítulo 9 : El patrimonio musical egipcio

9.1 EL PATRIMONIO MUSICAL

La historia arqueológica y tradicional egipcia de la música es mucho más abundante que en cualquier otro país. Los relieves de pared de los templos y tumbas del Antiguo Egipto representan diferentes tipos y formas de instrumentos musicales, la técnica para tocar y afinar estos instrumentos, la interpretación conjunta, y mucho, mucho más.

Estas escenas musicales muestran visiblemente las manos del arpista tocando determinadas cuerdas, y los instrumentistas de viento tocando juntos determinados acordes.

Las distancias de los trastes del laúd muestran claramente que pueden medirse y calcularse los intervalos y escalas correspondientes. Las posiciones de las manos de los arpistas sobre las cuerdas indican claramente los ratios como la Cuarta, la Quinta y la Octava, revelando un conocimiento incuestionable de las leyes que gobiernan la armonía musical. Los movimientos de las manos de los directores que controlan la interpretación de instrumentos musicales está también representada, y también nos ayudan a identificar tonos, intervalos y funciones de sonido determinados.

En las representaciones del Antiguo Egipto los intervalos más comunes fueron el de Cuarta, Quinta y Octava. Curt Sachs [en su libro, *Historia Universal de los Instrumentos Musicales*] consideró que de los 17 arpistas representados en los trabajos de arte egipcio (con suficiente realismo y distinción para ser registros fiables), siete están tocando un acorde de Cuarta, cinco un acorde de Quinta y cinco un acorde de Octava.

Las arpas representadas con más frecuencia tenían siete cuerdas, y conforme a los estudios de los instrumentos egipcios de Curt Sachs, los egipcios afinaban sus arpas con la misma serie diatónica de intervalos.

Además de las numerosas representaciones de escenas musicales representadas en los templos y tumbas de todas las épocas de la historia dinástica de Egipto, hemos tenido acceso a cientos de diferentes instrumentos musicales del Antiguo Egipto que se han recuperado de sus tumbas. En la actualidad, estos instrumentos egipcios se exhiben en museos y en colecciones particulares en todo el mundo.

Las escenas musicales representadas en las tumbas del Antiguo Egipto, así como los instrumentos descubiertos de los Reinos Antiguo y Medio, indican ratios entre las cuerdas abiertas del arpa, los trastes densamente ordenados en los cuellos largos de los instrumentos de cuerda, y las medidas entre los agujeros para los dedos en los instrumentos de viento que muestran/confirman que:

1. se conocieron/utilizaron diferentes tipos de escalas musicales;
2. escalas escalonadas estrechas fueron comunes desde la más antigua historia egipcia conocida (de hace más de 5.000 años);
3. técnicas para tocar y afinar instrumentos de cuerda proporcionadas para tocar instrumentos en solitario y en coral;
4. técnicas para tocar instrumentos de viento proporcionadas para incrementos pequeños y el efecto órgano;

5. se utilizaron tanto el método de ajuste cíclico (arriba y abajo) como el divisivo.

Los antiguos egipcios fueron/son famosos a nivel mundial por su dominio de las técnicas para tocar sus instrumentos musicales. La habilidad de los egipcios, para utilizar estos instrumentos, la afirmó Ateneo, quien indicó (en sus textos [iv, 25]) que los nativos egipcios enseñaron música tanto a los griegos como a los "bárbaros".

Todos estos hallazgos, junto con los antiguos escritos históricos del patrimonio musical egipcio, así como las tradiciones de los habitantes actuales del Nilo, corroboran proporcionar el caso más auténtico de la historia musical del Antiguo Egipto.

9.2 LAS ORQUESTAS MUSICALES

En el Antiguo Egipto existían diferentes bandas musicales. Se utilizaban agrupaciones más pequeñas y más grandes para diferentes fines, como se desprende de las escenas musicales representadas en las edificaciones del Antiguo Egipto. Resulta suficientemente evidente a partir de los bajorrelieves de los antiguos egipcios, que sus músicos estaban familiarizados con la sinfonía triple, la armonía de los instrumentos, de las voces y de las voces con los instrumentos. Los movimientos de las manos (quironómidos) de los directores controlaban la interpretación de los instrumentos musicales. Los signos de sus manos muestran diferentes interpretaciones: unísono, acorde, polifonía, …etc.

La orquesta/agrupación egipcia consta normalmente de cuatro grupos de instrumentos:

1. Instrumentos de cuerda con cuerdas abiertas, como el trigonon, la lira, el harpa, …etc.

Muchas liras egipcias tenían una potencia considerable, de 5, 7, 10 y 18 cuerdas. Se apoyaban normalmente entre el codo y el costado, y se tocaban con la mano y/o con la púa. La púa estaba fabricada con concha de tortuga, hueso, marfil o madera y a menudo estaba acoplada a la lira con una cuerda.

Las arpas del Antiguo Egipto variaban en su forma, tamaño y número de sus cuerdas. Se representaban en las pinturas antiguas con 4, 6, 7, 8, 9, 10, 11, 12, 14, 17, 20, 21 y 22 cuerdas.

2. Los instrumentos de cuerda con cuerdas que terminan en un cuello, como la tanboura, la guitarra, el laúd árabe/laúd, el violín, etc.

Los antiguos egipcios utilizaban instrumentos de cuerda tipo tanboura en una ilimitada variedad, ofreciendo variación de sonido y de diseño, con diferentes formas de cuerpo con cuellos cortos como el laúd y con cuellos largos como la guitarra,

Las cuerdas estaban fabricadas con catgut, seda o hebras de cola de caballo, y se producían en diferentes grosores. Cuando todas las cuerdas de un instrumento eran del mismo grosor, se necesitaba una clavija de afinación para cada cuerda. Cuando los grosores de las cuerdas variaban proporcionalmente, para producir diferentes ratios musicales entre las cuerdas, se necesitaban menos las clavijas de afinación. En este sentido, una clavija de afinación puede controlar varias cuerdas (de diferentes grosores) que pueden afinarse al unísono. El instrumento tipo tanboura se tocaba con una púa o arco.

3. Los instrumentos de viento como la flauta travesera, la flauta, la flauta doble, la trompeta, etc.

Los instrumentos de viento del Antiguo Egipto normalmente podían clasificarse en:

a. Instrumentos en los que el viento vibra en un tubo hueco, como la flauta travesera, la flauta, los tubos normales de órgano, etc.

b. Instrumentos en los que una caña única causa la vibración, como el clarinete, clarinete bajo, tubos de caña de un órgano, etc.
c. Instrumentos en los cuales una caña doble causa la vibración, como el oboe y la flauta doble.
d. Instrumentos en los que unas membranas elásticas hacen vibrar una columna de aire (los labios en una boquilla), como la trompeta, el trombón y la tuba.

La mayoría de las flautas disponen de agujeros equidistantes para los dedos. Las diferentes escalas y notas musicales se producen por el tamaño de los agujeros, la exhalación, el toqueteo con los dedos, o de algunos aparatos especiales, y de varias técnicas de interpretación.

4. Instrumentos de percusión como los tambores, las claquetas y las campanas, …etc.

Los instrumentos de percusión pueden clasificarse en instrumentos membranófonos y no membranófonos, es decir que utiliza una piel o una lámina tipo pergamino. Entre los instrumentos membranófonos se incluyen los tambores de diferentes formas, tamaños y funciones, cilíndricos, pequeños tambores de mano, y tambores de piel única, panderetas, etc. Los instrumentos no membranófonos incluyen los palos de percusión, las claquetas, los sistrums/sistros, los platillos, las castañuelas, las campanas, los xilófonos, etc.

9.3 EL BAILE Y EL BALLET

Platón reconoció y apreció claramente el papel y el efecto importantes de bailar (así como la música) en el Antiguo Egipto, en *Las Leyes – Libro VII* [798e–799b]. A continuación aparecen las frases relacionadas solo con el baile:

> *Consiste en consagrar todos los bailes…*
> *…determinaremos los himnos y las danzas, que deben acompañar a cada sacrificio.*

El baile consiste en movimientos de diferentes grados (lento a rápido). Los movimientos causan vibraciones que a su vez producen sonidos. No oímos todas las ondas sonoras (resultado de estas vibraciones), pero sin embargo nos afectan. El cuerpo en vibración (el baile) produce sonido, intermitencia cinética en intervalos regulares, al igual que una cuerda en vibración de un instrumento produce tonos musicales.

El baile es mucho más que sentimiento y alegría. Es la vida y la unidad con la naturaleza. El ritmo adecuado del baile eleva al bailarín a un reino superior. Su cuerpo se convierte en un medio, que, mediante el cual conecta con los antepasados, se convierte en el portador de todas las fuerzas de la naturaleza. El bailarín, poseído por su antepasado deificado, se transforma en este espíritu, y entra en el círculo de las fuerzas sobrenaturales encargadas del funcionamiento de la fertilidad, la victoria y el curso de las estrellas.

Los templos del Antiguo Egipto mantuvieron a los bailarines de ambos sexos como una clase especial. Nos los encontramos una y otra vez, en bailes tranquilos, con pasos suaves y con los brazos extendidos en forma romboide, o en posiciones acrobáticas más osadas.

Las paredes de las tumbas y templos del Antiguo Egipto representan una gran variedad de estilos de baile, formas y objetivos, cada uno para un determinado momento y lugar.

El nivel de energía para los diferentes tipos variaban desde el baile lento/gesticular, al acrobático, a los bailes de armonía con el cuerpo, como los bailes puros o los convulsivos débiles, y a los más frenéticos y agotadores bailes. Exceptuando este último, todos estaban coreografiados.

Se podía bailar solo o en grupos, con los hombres y mujeres juntos o por separado. Bailaban con una enorme energía, acompañando sus movimientos con saltos rítmicos.

En la tumba de Kagemni, en Saqqara, en la sala con tres pilares, se muestran cinco bailarines ejecutando un ballet acrobático. También pueden verse espectáculos de ballet en la pared occidental del Templo de Luxor.

En estas escenas de pared de cerca del año 1800 AEC, las mujeres ejecutan piruetas hacia adelante y hacia atrás, piruetas laterales, spagats y volteretas hacia atrás. A veces ejecutan estos ejercicios en pareja, una de las bailarinas erguida y la otra a su espalda. Harían piruetas en esa posición, con la cabeza hacia arriba y hacia abajo alternativamente. Estos eran ejercicios que solo podían hacerse con un gran entrenamiento y mucha práctica.

Muchas de sus poses no cambian con respecto a nuestro ballet actual, y la pirueta deleitaba las fiestas egipcias, desde hace 4.000 años.

[Puede obtener más información sobre la teoría y práctica de la música y el baile, así como de las descripciones detalladas de los principales instrumentos egipcios, técnicas de interpretación, funciones, etc., en el Antiguo Egipto en *The Enduring Ancient Egyptian Musical System* de Moustafa Gadalla].

Capítulo 10 : La salud y la medicina

10.1 EL PRESTIGIO INTERNACIONAL

El familiar signo para la prescripción de hoy en día, Rx (con receta), se originó en el Antiguo Egipto. En el siglo II, Galeno utilizaba símbolos místicos para subrayar la importancia de algo a sus pacientes. Por lo tanto, tomaba prestado el ojo de Horus de la alegoría egipcia. El relato cuenta como Horus atacó a su tío Seth para vengar el asesinato de su padre. En la pelea, el ojo de Horus se deshizo en fragmentos, después de lo cual Tot (Tehuti) lo restauró para Horus.

El símbolo del ojo egipcio ha evolucionado paulatinamente hasta convertirse en la actualidad en un signo familiar para la prescripción, Rx (con receta), que se utiliza en todo el mundo independientemente del idioma utilizado.

Muchos de los remedios y prescripciones egipcios se han adoptado en Europa a través de los escritos de Plinio, Dioscórides, Galeno y otros escritores griegos.

Warren R. Dawson, en *The Legacy of Egypt*, escribió:

> **Los trabajos de los escritores clásicos son... a menudo simplemente el trampolín desde el cual muchos de los conocimientos**

*médicos llegan a Europa, a parte de las apropiaciones direc-
tas... De Egipto tenemos los libros de medicina más antiguos,
las primeras observaciones de anatomía, los primeros expe-
rimentos de cirugía y farmacéuticos, la primera utilización
de férulas, vendajes, compresas y otros utensilios, y el primer
vocabulario anatómico y médico...*

Es evidente que la ciencia médica de los egipcios era solicitada y apreciada por los países extranjeros. Heródoto nos contó que tanto Cyrus como Darius solicitaron a Egipto hombres médicos. También más adelante, continuaron siendo famosos por sus habilidades: Amiano afirma que era suficiente para un doctor decir que había estudiado en Egipto, para recomendarle. Plinio también mencionó a hombres médicos que fueron de Egipto a Roma.

El cuidado que los egipcios tomaban de su salud era una fuente de asombro para los observadores extranjeros, particularmente para los griegos y romanos. Plinio pensaba que la gran cantidad de doctores significaba que la población de Egipto sufría gran cantidad de enfermedades, una parte paradójica de la lógica. Heródoto, por otra parte, informó que no había gente más sana que los egipcios.

10.2 LA PROFESIÓN MÉDICA

Los médicos

Los nombres y títulos de más de un centenar de doctores se determinaron de los hallazgos arqueológicos, con información suficiente para revelar un panorama general de la práctica médica. El nombre de Imhotep [Dinastía III] está ligado para siempre con la medicina egipcia, que más tarde fue deificado e identificado con Asclepio, el dios griego de la curación.

Ya en el Reino Antiguo, la profesión médica era muy reconocida, con doctores que tenían una gran variedad de categorías y especialidades. El doctor normal era superado en posición por el Supervisor de doctores, el Jefe de doctores, el Mayor en edad de los doctores y el Inspector de doctores. Se hacia una diferenciación entre los médicos y los cirujanos.

Cada médico estaba muy instruido y practicaba solo en su área de especialización. Los doctores egipcios estaban muy especializados. Heródoto señaló que, no podían practicar ninguna otra especialización que la suya.

Había doctores de los ojos, especialistas en intestinos (Guardianes del Ano), médicos que estaban especializados en enfermedades internas que conocían el secreto y que estaban especializados en los fluidos corporales, doctores de la nariz, de enfermedades de las vías respiratorias superiores, doctor del abdomen y dentistas.

La conducta y la práctica

Algunas herramientas e instrumentos quirúrgicos se representaron en tumbas y templos, como:

- La Tumba de Ankhmahor en Saqqara, que contiene varios relieves de cirugía y medicina únicos. Entre ellas había un cuchillo de sílex que algunos consideran como una evidencia de su origen remoto. Las más recientes investigaciones quirúrgicas reivindican los instrumentos de sílex de la antigüedad. Se ha descubierto que para ciertas operaciones ópticas y neurológicas, la obsidiana posee cualidades que no pueden compararse con el acero más fino, y vuelve a utilizarse una versión actualizada del antiguo cuchillo de sílex.

- En la pared del pasillo exterior del templo de Kom Ombo, está tallada en el relieve una caja de instrumentos quirúrgicos. La caja incluye tijeras metálicas, cuchillos quirúrgicos, sierras, sondas, ganchos pequeños y fórceps.

Los antiguos egipcios realizaban operaciones quirúrgicas, incluso en las épocas predinásticas. Las momias encontradas, tienen partes de sus cráneos cortadas muy limpiamente, lo que indica un nivel muy avanzado de cirugía cerebral. Se han encontrado varios cráneos que indican la naturaleza de las operaciones, y a veces la sección cortada del cráneo tenía unida un hueso del padre, demostrando que el paciente había sobrevivido a la operación.

Si bien no se ha comunicado ninguna cicatriz quirúrgica en las momias (aparte de las incisiones de los embalsamadores), hay trece referencias en el papiro de Smith a la 'costura'. Además, los papiros mencionan heridas que están unidas con cinta adhesiva hecha de lino. El lino también se utilizaba para vendajes, ligaduras y suturas. Las agujas eran probablemente de cobre.

Los doctores egipcios distinguían entre heridas estériles (limpias) e infectadas (purulentas). La primera se escribía utilizando el determinante de "sangre" o "flema" y la última, utilizando el determinante de "salidas pestilentes" o "heces". Para limpiar una herida infectada se utilizaba un ungüento cuyos ingredientes eran una mezcla de grasa de íbice, aceite de abeto y guisantes triturados. Cada templo tenía un laboratorio a gran escala, donde se hacían y guardaban los medicamentos.

Cuando los académicos alemanes descifraron el primer papiro médico egipcio, quedaron muy sorprendidos. Llamaron a la medicina egipcia la *"farmacología de las aguas residuales"* debido a que los egipcios curaban las inflamaciones, las infecciones y las heridas aplicando estiércol y sustancias similares.

La invención más tarde, en las últimas décadas, de la penicilina y los antibióticos, nos ha hecho darnos cuenta de que los antiguos egipcios estaban aplicando versiones rudimentarias y orgánicas de estos remedios. Lo que los alemanes describieron como la *"farmacología de las aguas residuales"* se confirmó recientemente como la "medicina moderna". Además, los egipcios conocían los diferentes tipos de antibióticos. Sus prescripciones exigían tipos concretos de antibióticos que se correspondían con enfermedades concretas.

El mundo académico al estudiar las técnicas de decoración de estatuas con ojos incrustados de los Antiguos Egipcios, concluía que los egipcios debían conocer no solo la anatomía del ojo sino también sus propiedades refractivas. Los egipcios se aproximaron a estas propiedades al utilizar las combinaciones de piedras y cristales (más de cuatro tipos diferentes, en un único ojo). Cuando se toman fotografías de estas estatuas egipcias, los ojos parecen realmente reales.

10.3 LA BIBLIOTECA MÉDICA

Según Clemente de Alejandría, que vivió en Alejandría alrededor del año 200 EC, los sacerdotes de Egipto de las primeras dinastías habían escrito el conjunto de su conocimiento en 42 libros sagrados, que se guardaban en los templos y se llevaban en procesiones religiosas. Seis de estos libros trataban totalmente de medicina, y abordaban la anatomía, las enfermedades en general, la cirugía, los remedios, las enfermedades de los ojos y las enfermedades de las mujeres.

Varios papiros médicos han sobrevivido hasta nuestros días. Contienen prescripciones para tratar enfermedades de los pulmones, el hígado, el estómago y la vejiga y para varias afecciones de la cabeza y el cuero cabelludo (incluyendo recetas para evitar la caída del cabello o que este se vuelva gris). Además contenía descripciones de dolores reumáticos y artríticos y de enfermedades de la mujer.

El mundo académico occidental a varios otros papiros egipcios que tratan de enfermedades no físicas los denomina "papiros mágicos". A continuación aparece un resumen de los principales papiros médicos:

El Papiro de Edwin Smith

El Papiro de Edwin Smith ha sido fechado cerca del año 1600 AEC. La presencia de palabras del Reino Antiguo en el texto, sugiere que el papiro se copió de un trabajo antiguo de aproximadamente el año 2500 AEC cuando se estaban construyendo las pirámides.

Este es el libro de cirugía más antiguo del mundo. Contiene un total de 48 casos quirúrgicos, de una naturaleza traumática, metódicamente organizados desde la cabeza y normalmente bajando del cuerpo a las extremidades inferiores.

Cada caso está precedido de un breve texto que expresa un diagnóstico de resumen, seguido de otro diagnóstico detallado, un breve pronóstico claramente formulado y a veces la terapia.

El diagnóstico se establecía después de que se realizasen observaciones extraordinariamente precisas. En su conclusión proponía tres posibilidades: el doctor podía actuar con un éxito total, podía contar con algunas posibilidades de éxito, o no tenía ninguna posibilidad, en cuyo caso no haría nada.

Las técnicas eran numerosas y variadas. Las fracturas eran fijadas adecuadamente, se aplicaban férulas y se suturaban heridas. Existía un tipo de yeso adhesivo que trabajaba de maravilla sobre los huesos rotos. En muchas momias pueden verse fracturas perfectamente curadas.

Las frases más apasionantes aparecen justo al comienzo de este papiro:

El escrutinio de algo con los dedos [se hace] para reconocer cómo va el corazón. Hay vasos sanguíneos en él que conducen a cada parte del cuerpo... Cuando un sacerdote de Sekhmet, cualquier doctor... pone sus dedos en la cabeza...en las dos manos, en el lugar del corazón... este habla... en cada vaso sanguíneo, cada parte del cuerpo.

El papiro médico prueba que los egipcios entendían la relación del corazón con la circulación de la sangre, y que creían que el corazón era la fuente de la vida dentro del cuerpo, y que sentían el pulso y lo medían, en comparación con sus propios pulsos.

Además los egipcios creían que los 'jugos internos del cuerpo' fluían a través de vasos que se irradian desde el corazón y que se recogían en el ano, de donde podían de nuevo redistribuirse a varias partes del cuerpo. Aire, sangre, orina, moco, semen y heces circulaban alrededor del sistema, normalmente en armonía, pero a veces quedando fuera de control y por consiguiente causando una enfermedad.

El Papiro de Smith contiene la que es probablemente la primera descripción documentada del cerebro humano:

Cuando examina a un hombre con una... herida en su cabeza, que llega al hueso, su cráneo está roto; está liberando el cerebro de su cráneo... estas materias espirales que surgen como metal vertido. Algo está presente... que los temblores (y) vibraciones bajo sus dedos son como la zona débil de la cabeza de un niño que todavía no se ha desarrollado firme... La sangre fluye de sus dos fosas nasales.

Los avances de la neurología moderna prueban que los egipcios entendían, al detalle, el funcionamiento del sistema nervioso, y la relación entre las zonas del cerebro y la manera en que estas zonas controlaban las funciones corporales.

El Papiro médico de Ebers

La fecha del origen del *Papiro médico de Ebers* es de cerca del año 1555 AEC. Se considera un manual para la enseñanza de la anatomía y la farmacia. Contiene 876 remedios y menciona 500 sustancias diferentes utilizadas en tratamientos médicos.

El *Papiro de Ebers* describe el tratamiento y las prescripciones para dolores estomacales, toses, fríos, mordeduras, enfermedades y dolencias, dolores hepáticos, quemaduras y otros tipos de heridas, picores, forúnculos, quistes o análogos, dolores en los dedos de los pies y de las manos, ungüentos para heridas y dolores en las venas, músculos y nervios, enfermedades de la lengua, dolor dental, dolores de oído, enfermedades de las mujeres, preparaciones de belleza, remedios domésticos contra los parásitos, dos libros sobre el corazón y las venas, y diagnósticos para tumores.

El Papiro de Berlín

El Papiro de Berlín se ha fechado entre el año 1350 y el 1200 AEC.

Trata sobre el parto y los recién nacidos.

Contiene una prueba de embarazo, que reconocía que la orina llevaba el factor del embarazo. Se solicita que se empape algo de trigo y cebada en su orina. Si brota el trigo, será un niño, si lo que brota es la cebada, será una niña.

En 1963, Ghalioungui descubrió que, mientras que la orina de las mujeres no embarazadas impedía el crecimiento del trigo y la cebada (prueba moderna), resultaba imposible detectar el sexo de un niño nonato a partir del índice de crecimiento de cualquier grano, posiblemente debido a que los granos y los suelos eran ambos diferentes en el Antiguo Egipto. Sin embargo, el hecho de que los egipcios sabían que la orina llevaba el factor del embarazo era destacable. La normalización de las pruebas de embarazo de orina fiables no sucede hasta el año 1929.

Resulta sorprendente saber que esta receta egipcia encontró una vía de entrada a Europa, y que en un ingenioso libro del siglo XVII, Peter Boyer escribió:

Hacer dos agujeros en el suelo, arrojar cebada en uno y trigo en el otro, a continuación echar agua de la mujer embarazada en ambos agujeros, y cubrirlos otra vez con tierra. Si el trigo brota antes que la cebada, será un niño, pero si la cebada brota primero, debes esperar una hija.

También existe un pequeño libro inglés, llamado *The Experienced Midwife*, en el que aparece esta receta, de una forma algo modificada.

El Papiro de Hearst

Ha sido fechado cerca del año 1550 AEC y parece ser la guía para un médico en ejercicio. Contiene más de 250 prescripciones y conjuros, y dispone de una sección para los huesos y las mordeduras, las afecciones de los dedos, los tumores, las quemaduras y las enfermedades de las mujeres, del oído, de los ojos y de los dientes.

10.4 LAS CURAS Y LAS PRESCRIPCIONES

Los antiguos egipcios tenían un pleno conocimiento de los usos de las hierbas y las terapias naturales, en la medida en que perfeccionaron el procedimiento de embalsamamiento de los cuerpos de sus muertos, una hazaña que el hombre moderno todavía es incapaz de superar.

Las diferentes prescripciones de los papiros de Ebers y Hearst, así como otros papiros médicos, son bastante racionales y presentan aplicaciones naturales para el alivio de síntomas. Estas prescripciones son el fruto del conocimiento de las propiedades y acciones fisiológicas generales de las plantas, animales y minerales así como del cuerpo humano.

El *Papiro de Ebers*, solo él, contiene 876 remedios y menciona 500 sustancias utilizadas en el tratamiento médico. Aporta recetas para muchos remedios, como yesos, bálsamos y ungüentos, compuestos de vegetales, minerales y también de origen animal.

Los ingredientes a veces se trituraban y otras se hervían o mezclaban. Algunos se tamizaban mediante un trozo de tela o se diluían con agua limpia, cerveza, vino, aceite o leche.

En el *Papiro de Ebers* descubrimos que una única prescripción podía incluir hasta 35 sustancias.

Las prescripciones se daban en diferentes formas, como una bebida o en forma de píldoras o como un aceite para frotamiento o con paños. Algunas prescripciones se inhalaban.

Pesaban y medían sus prescripciones muy cuidadosamente.

Las dosificaciones médicas variaban según la edad, el peso y el sexo del paciente.

Conocían muy bien las plantas medicinales. Las plantas medicinales no eran originarias de Egipto sino que se importaban de fuera. La madera de abeto venía de Siria y Asia Menor, su resina acre era inestimable como antiséptico y como material de embalsamamiento. El aceite de abeto se utilizaba como un Antihelmíntico, y para limpiar las heridas infectadas. Desde África Oriental venía el áloe, utilizado para "expulsar el catarro de la nariz", y la canela, un ingrediente esencial en un ungüento para encías ulceradas y en incienso.

La miel era un componente importante en la mayoría de los remedios. La miel es muy resistente al crecimiento bacteriano. Además tiene una acción antibiótica debido a la presencia de una encima antibacteriana llamada *inhibina*. En estudios modernos la miel ha resultado ser efectiva contra el estafilococo, la salmonella y la bacteria cándida. También se utiliza para curar heridas quirúrgicas, quemaduras y ulceras, teniendo unas cualidades curativas más rápidas que el tratamiento convencional.

Otro producto de la abeja llamado el propóleo (pegamento de abeja) es un material duro y resinoso obtenido por las abejas de los jugos de las plantas, y las abejas lo utilizan para sellar las fisuras de sus colmenas. Además, el propóleo tiene propiedades antibióticas y conservantes. Un ratón pequeño, que se deslizaba por una colmena del Antiguo Egipto de hace 3.000 años, se encontró perfectamente conservado, cubierto con propóleo, y sin ningún signo de descomposición.

Asimismo, la cerveza se menciona como un agente con el cual se administraban muchos medicamentos, y era una bebida popular y saludable.

Conocían y utilizaban los beneficios de la levadura, aplicándola en bruto a forúnculos y úlceras, y tragándola para limpiar las alteraciones digestivas. La levadura contiene vitamina B y agentes antibióticos.

Anteriormente mencionamos el uso de los antibióticos en el Antiguo Egipto, para curar las heridas o las llagas abiertas.

En resumen, el Antiguo Egipto estaba muy avanzado y era muy apreciado por sus productos medicinales, a lo cual hizo referencia frecuentemente Plinio en sus escritos.

Homero, en *La Odisea*, describe las muy valiosas medicinas que da Polidamna, esposa de Ton, a Helena mientras está en Egipto,

> *un país cuya fértil tierra produce muchísimas drogas, y después de mezclarlas muchas son buenas y muchas perniciosas; y allí cada uno es médico que sobresale sobre todos los hombres.*

Capítulo 11 : La astronomía

11.1 KEPLER Y LA ASTRONOMÍA EGIPCIA

Hace apenas unas décadas, aquellos que sugerían que la astronomía había alcanzado un estado avanzado, poco después de la invención del telescopio, generalmente eran ridiculizados o ignorados. La astronomía "moderna" se atribuye a los trabajos de Johannes Kepler [1571–1630 EC], y se le reconoce el hecho de haber "descubierto" las tres leyes planetarias, sin la "ayuda del telescopio". Las leyes planetarias que muestran las relaciones entre los planetas, distancias, variaciones de velocidad, configuraciones de órbita, etc. nunca pudieron determinarse sin unas observaciones, mediciones, registros y análisis regulares y todavía ningún académico occidental nos ha dicho cómo Kepler llegó (no surgieron de la nada) a estas leyes planetarias. En realidad, Kepler se vanagloriaba por escrito, al final del *Libro V* de su serie, *La armonía del mundo*, que redescubrió las leyes perdidas de Egipto, como indica a continuación:

> *Ahora ya, luego de dieciocho meses atrás rayará la primera luz, luciera entera hace tres, y el pleno Sol de la contemplación hace poquísimos días, nada me retiene ya; y me complazco en permitirme el furor sagrado, y asaltar insolente a los mortales con la franca confesión de haber hurtado los cálices áureos de los egipcios, para construir con ellos el tabernáculo de mi Dios lejos de los confines de Egipto.*

El jubiloso Kepler indicaba que no descubrió nada. Más bien, era todo del Antiguo Egipto.

Clemente de Alejandría (200 EC) informó acerca de los conocimientos avanzados de astronomía que poseían en el Antiguo Egipto. Mencionó cinco volúmenes interrelacionados de astronomía del Antiguo Egipto, uno que contenía una lista de las estrellas fijas, otro sobre el fenómeno del sol y la luna, otros dos sobre la ascensión de las estrellas y otro acerca de la cosmografía y la geografía, el curso del sol, la luna y los cinco planetas. Estas referencias indican un entendimiento completo e incomparable de la astronomía, incluso en nuestros tiempos actuales.

Los astrónomos que estudian Egipto han sostenido desde hace tiempo que la astronomía egipcia estaba muy avanzada, que la precesión de los equinoccios era conocida por ellos, como lo era el sistema heliocéntrico y muchos otros fenómenos supuestamente descubiertos recientemente.

11.2 LAS OBSERVACIONES Y REGISTROS ASTRONÓMICOS

Egipto, para reconocer la influencia del cielo en la tierra, observó el cielo con suma atención. Los datos de la astronomía se estudiaron por su significado: es decir, el estudio de las correspondencias entre los actos en el cielo y los actos en la tierra.

El tema principal en todos los textos egipcios antiguos es la naturaleza cíclica de todo en el universo. Los egipcios eran sumamente conscientes de su dependencia de los ciclos de la tierra y el cielo. Por lo tanto, a los sacerdotes de los templos se les asignaban tareas de observación de los movimientos de estos cuerpos celestiales. También se responsabilizaban de tomar nota de otros actos celestiales e interpretarlos.

Pueden encontrarse muchos monumentos en todos los lugares del Antiguo Egipto que acreditan su conocimiento y conciencia plena de la cosmología y astronomía. Un tipo sistemático de observación astronómica que comenzó en tiempos muy remotos. Los antiguos egipcios recopilaron información, haciendo gráficos de las constelaciones, basados en observaciones y registros.

Los textos astronómicos más antiguos, actualmente conocidos, se encuentran en las tapas de madera de los sarcófagos de la Dinastía IX (aproximadamente 2150 AEC).

A estos textos se les denomina *calendarios diagonales* o *relojes estelares diagonales*, lo que indica que los objetivos y contenidos de estos textos eran observar y documentar la relación entre el movimiento de las estrellas y el tiempo. La palabra diagonal significa medición de ángulos, es decir, la distancia de arco del movimiento durante un período de tiempo determinado.

Estos textos dan los nombres de los decanos (estrellas que surgían a intervalos de diez días al mismo tiempo que el sol), de las que existían 36.

Las mediciones angulares están relacionadas con la forma de dividir el cielo por parte de los egipcios en 36 segmentos angulares, cada uno con un ángulo central de 10 grados, de un total de 360 grados.

Estos decanos angulares se representan principalmente en un zodíaco lineal desde el período más antiguo de la historia recuperada egipcia.

Las representaciones y la organización de estos mismos decanos se descubrieron exactamente hace miles de años, en zodíaco lineal en la sala hipóstila del Templo de Dendera o en zodíaco circular en el mismo templo egipcio, con los mismos tres decanos para cada una de las doce constelaciones zodiacales.

La presentación de decanos angulares en una forma lineal es similar a nuestros actuales mapas geográficos que muestran la superficie esférica de nuestra tierra de una manera *aplanada* .

Las cartas y tablas egipcias de estrellas más elaboradas se encontraron en los techos de numerosas tumbas del Reino Nuevo (1550–1070 AEC), como en el techo de la tumba de Senenmut, el arquitecto de la Reina Hatshepsut, y en las tumbas de Seti I, Ramsés IV y Ramsés IX.

En las tumbas de Ramsés IV, VII, y IX, aparecen inscripciones que relacionan el primer y el 16º día de cada mes sótico egipcio, y que aportan la posición ocupada por una estrella en cada una de las 12 horas de la noche.

El conocimiento del Antiguo Egipto sobre la cronometría se refleja en su división del día en 12 horas de día y 12 horas de noche. La duración de la hora no era fija, sino que variaba con las estaciones. Los días largos de verano significaban horas más largas del día y lo contrario en los meses de invierno. El 21 de marzo y el 23 de septiembre, cuando el sol cruza el ecuador y en cualquier lugar el día y la noche duran lo mismo, se conocen como los equinoccios (noches iguales). La duración variable de la hora quiere decir entender el equinoccio, así como el total entendimiento de la medición de tiempo exacta, como se explica a continuación.

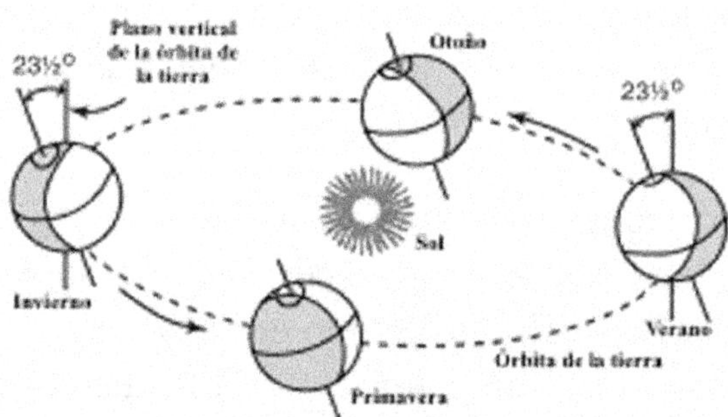

Ya que la tierra gira alrededor del sol en el plano de su órbita una vez cada año, la línea de referencia con el sol cambia constantemente, y la duración de un día solar no es el tiempo real de una rotación de la tierra. De ahí que nuestra astronomía "moderna" reconoce que el tiempo real de una rotación de la tierra, que se conoce como día sideral, se basa en una rotación con respecto al equinoccio de primavera, cuando el día y la noche duran exactamente lo mismo.

En el Antiguo Egipto se conocían los secretos del tiempo, ya que observaban y estudiaban el movimiento aparente de las estrellas, la luna y el sol. Debido a que todos los cuerpos celestiales están en constante movimiento aparente con respecto al observador, es sumamente importante conocer el momento preciso para observar un cuerpo celestial, lo que los antiguos egipcios conocían desde hacía mucho tiempo.

Las observaciones, de los antiguos egipcios, se hacían con la ayuda de instrumentos de observación muy básicos. Evitaban utilizar equipos ópticos que los físicos actuales reconocen que causaban diferentes tipos de distorsiones. Se suele reconocer que los antiguos egipcios utilizaban un instrumento de observación que llamaban *maskhet*, que era un bastón de madera con una hendidura en un extremo, esta última se utilizaba como un colimador para apuntar a las estrellas. Además utilizaban una plomada sencilla para medir la vertical. Con dichos bastones de observación y plomadas, puede medirse la altitud de una estrella en el meridiano o su azimut al ascender, con un gran grado de exactitud. El movimiento de cada cuerpo celestial se medía en cuanto a al cambio angular como una combinación de la declinación y la ascensión recta, siendo estas las coordenadas dadas de las estrellas en un mapa celeste.

Las observaciones se registraban y trazaban en una cuadrícula, al superponer, debajo del centro del cielo, una figura humana sentada en posición erguida, y en la que la parte superior de su cabeza estaba colocada debajo del cenit. La cuadrícula se componía normalmente de 8 segmentos horizontales y 12 verticales, representando las 12 horas de la noche. Las estrellas que se acercaban al cenit se referenciaban sobre una porción de esta figura, y su posición se indicaba en los listados de estrellas: *sobre la oreja izquierda, sobre la oreja derecha*, etc.

Los textos astronómicos del Antiguo Egipto posicionan a las estrellas durante las 12 horas de la noche, a intervalos de 15 días, y con esta información, puede medirse el cambio de posición de un punto determinado en el cielo. Estas mediciones y registros regulares y frecuentes les guiaban para correlacionar el índice de velocidad de los cuerpos celestiales, y en este sentido, los antiguos egipcios eran capaces de registrar irregularidades de mayor o menor importancia en el movimiento que percibían en estos últimos.

En el caso de la tumba de Ramsés IX (1131–1112 AEC), el techo muestra las posiciones de varias estrellas en 12 períodos de 15 días consecutivos. Desde estos gráficos de estrellas, los antiguos egipcios determinaban las posiciones y cambios de localización y/o de tiempo de las estrellas. En este sentido, en el Antiguo Egipto eran conscientes del hecho de que las estrellas se desplazaban lentamente y que este desplazamiento se podía medir con facilidad en tránsito meridiano, y de esta manera los antiguos egipcios conocían y calculaban el índice de cambio precesional.

En Egipto desde hacía mucho tiempo se elaboraban mapas de los cielos y tablas de estrellas, agrupando las estrellas en constelaciones como las exhibidas en los techos de las tumbas. En los Textos de las Pirámides de la Dinastías V y VI se encuentran referencias astronómicas a la gran constelación de la Pata de Toro (Osa Mayor), a Sirio, a Orión y a otros grupos de estrellas.

Los listados de los decanos o estrellas de diez días (o grupos de estrellas), asociados a las tablas horarias de estrellas, ya se utilizaron en los sarcófagos de las Dinastías XI y XII de Asiut.

Los antiguos egipcios hacían referencia a las estrellas que definen el perímetro de las diferentes constelaciones, tales como:

pierna del gigante
garra del ganso
cabeza del ganso

parte posterior del ganso
estrella de miles
estrella S'ar
punta del dedo de la constelación de Sah (Orión)
las estrellas de Sah (Orión)
estrella que sigue a Sirio
punta del dedo de estrellas gemelas
estrellas del agua
punta del dedo del Sah.
cabeza del león
rabo del león

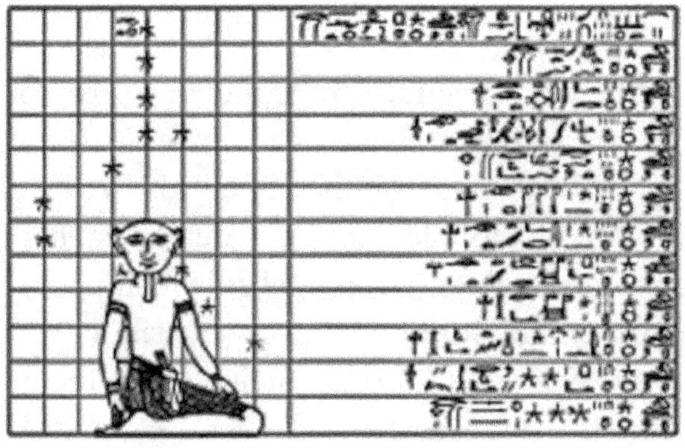

Lista de estrellas en el día 16 de Babeh (Paophi), 27 de octubre, de la tumba de Ramsés IX en Ta-Apet (Tebas)

> **En la edición digital de este libro, que se publica tanto en formato PDF como para libro electrónico (e-book), aparecen varias fotografías que apoyan el contenido de este subcapítulo.**

El gráfico de estrellas del polo norte del cielo, de la tumba de Seti I [1333–1304 AEC] [mostrado arriba], refuerza el significado de la palabra zodiaco en el Antiguo Egipto, como un círculo de animales.

La razón principal para nuestra conciencia, en la tierra, del zodiaco son las complejas relaciones entre la tierra, el sol y la luna. Entre los diferentes volúmenes de los textos del Antiguo Egipto como reconoció Clemente de Alejandría, había un volumen completo sobre el fenómeno del sol y la luna. El significado del sol y la luna en los ritmos cósmicos se atribuía de manera alegórica a Isis y Osiris, y Diodoro de Sicilia fue quien mejor lo describió en su *Libro I*, 11. 5-6,

Esos dos neteru (dioses) administran todo el cosmos,...

Las acciones conjunta del sol y la luna, en la tierra, son la causa de la precesión. La luna y el sol se atraen uno al otro, gravitacionalmente, sobre la protuberancia ecuatorial de nuestra tierra. La luna intenta atraer la protuberancia al plano de su órbita alrededor de la tierra, y el sol intenta atraer esta protuberancia al plano de la órbita de la tierra alrededor del sol. Por ello, la tierra no gira realmente sobre su eje, sino más bien gira ligeramente sobre la parte superior descentrada como un trompo. El resultado combinado de estas dos tendencias causa que el eje de la tierra forme un doble cono en el espacio, centrado sobre el centro de la tierra, una especie de tambaleo. A este movimiento se le denomina precesión.

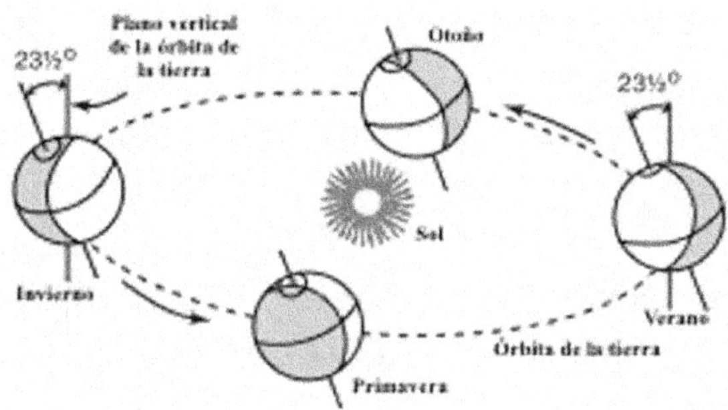

La tierra rota de oeste a este en su eje polar y da vueltas alrededor del sol en una órbita elíptica con el sol en uno de los focos de la elipse. Esta completa una rotación en un período de 365,2564 días. La inclinación de la tierra (23½ grados con la perpendicular al plano orbital), combinado con su rotación alrededor del sol, causa las variaciones en las duraciones del día y la noche y también causa las diferentes estaciones [mostrado arriba].

Existen varios componentes de este movimiento tambaleante de la tierra. Son sencillamente diferentes componentes de frecuencia de los mismos efectos físicos, la lucha entre los tres cuerpos.

Si el cielo se considera como un fondo constelado, entonces debido al tambaleo de la tierra sobre su eje, el equinoccio de primavera cada año crece con respecto a un contexto de cambio gradual de las constelaciones. El efecto no es real sino *aparente* y solo implica a las estrellas. En realidad, las estrellas no se mueven sino que parece que se mueven debido al tambaleo precesional de la tierra. Los astrónomos a esto lo llaman la *precesión de los equinoccios*.

El cambio continuo de posición de las estrellas actúa como un tipo de reloj estelar para nuestro planeta. Para los antiguos egipcios, al conocer el índice exacto de cambio precesional y la coordenada de una estrella, podían determinar su altitud en el meridiano para cualquier tiempo dado o su punto de aumento sobre el horizonte oriental.

La precesión de los equinoccios, mediante las constelaciones, da nombre a las doce eras del zodiaco. Se tardan casi 2.160 años en que el equinoccio presente precesión mediante un signo zodiacal. Por consiguiente, se tardan unos 25.920 años en que el equinoccio de primavera atraviese el circuito completo de las constelaciones de los doce signos del zodiaco. A este ciclo completo se le denomina el Gran Año/Año Completo.

Cada signo/era del zodiaco se divide en tres segmentos iguales, representados por las tres figuras humanas, en coordinación con los egipcios que dividen el cielo en 36 segmentos, cada uno con un ángulo central de 10 grados, de un total de 360 grados.

Como se indicó y mostró anteriormente, estos decanos se representan principalmente en un zodíaco lineal desde el período más antiguo de la historia recuperada egipcia.

Estas representaciones y organización del mismo decano son exactamente las mismas que hace miles de años, en zodíaco lineal en la gran sala hipóstila del Templo de Dendera o en zodíaco circular como se muestra aquí en el mismo templo egipcio, con los mismos decanos triples para cada una de las doce constelaciones zodiacales.

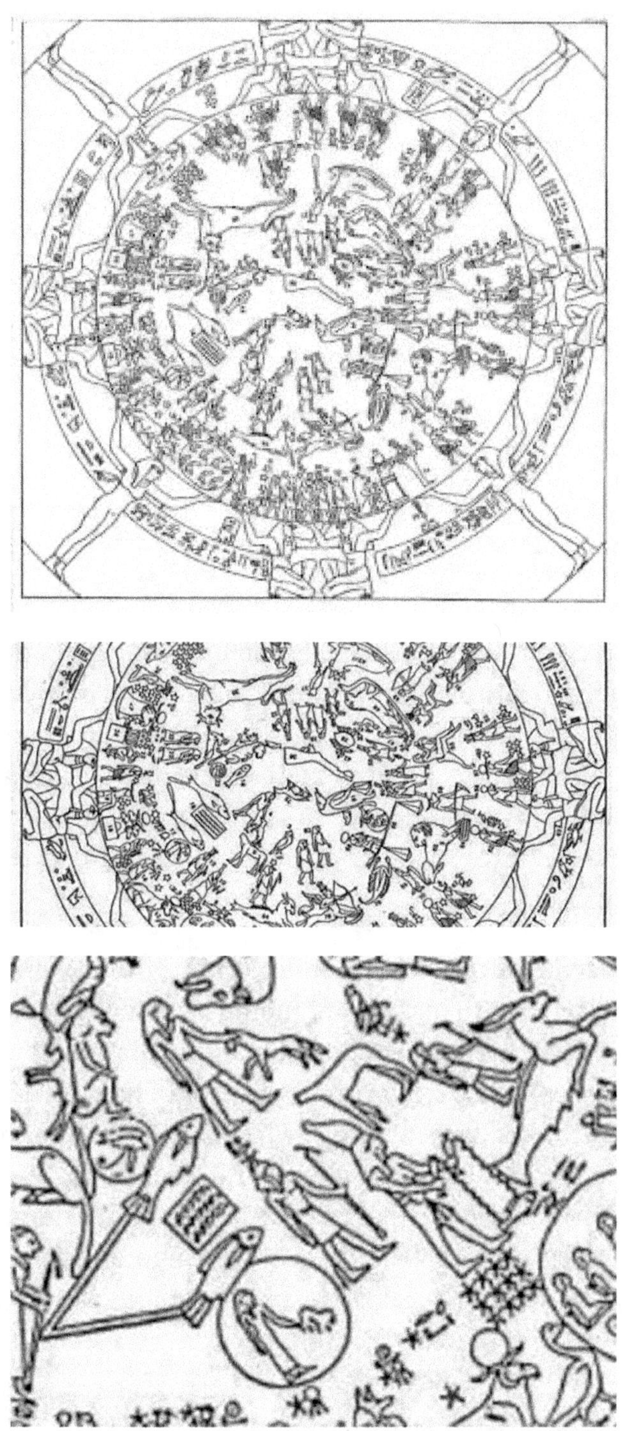

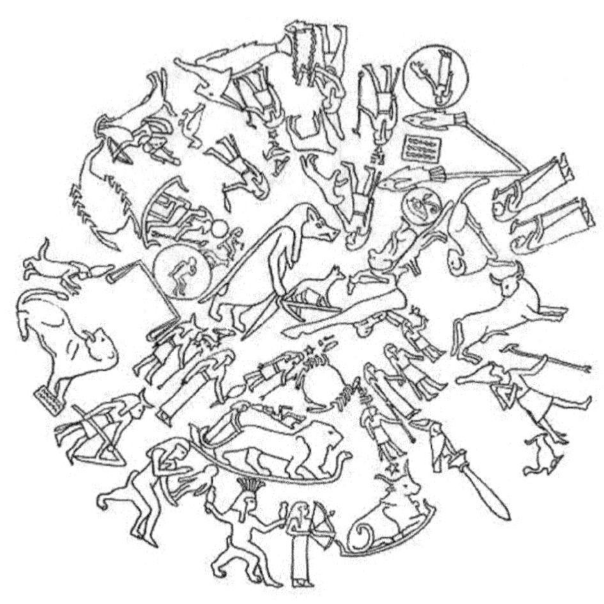

Los signos del zodiaco se representan en dos lugares del Templo de Het-Heru (Hathor) en Dendera. Pertenece indudablemente al Antiguo Egipto, con sus figuras, símbolos, etc. Exactamente el mismo simbolismo de eras zodiacales, deidades, figuras, etc. representados, se encuentran en numerosos templos y tumbas del Antiguo Egipto en todo el país, mucho antes de la época greco-romana.

El mundo académico occidental ignora la abrumadora evidencia física, así como la afirmación de fuentes del Antiguo Egipto, que la precesión de los equinoccios era conocida en Egipto desde tiempos inmemoriales. Dieron el mérito a Hiparco de Nicea, el "griego" [aproximadamente 160–125 AEC]. Este es otro intento patético de atribuir el mérito de un gran logro a un europeo. Sin embargo, en este caso, Hiparco (que nunca se proclamó como la fuente) nunca podría haber logrado solo algo que precisa observaciones, mediciones y registros astronómicos durante siglos y milenios.

Mientras que el mundo académico occidental atribuye el conocimiento de la astronomía a los griegos, estos atribuyeron sus conocimientos astronómicos a los sacerdotes egipcios. El Gran Estrabón [64 AEC–25 EC] admitió alrededor del 20 AEC (casi cien años después de Hiparco de Nicea) que,

> *Los sacerdotes egipcios tienen la primacía en la ciencia del cielo…[los egipcios]… imparten algunos de sus preceptos; aunque ocultan la parte más importante. [Los egipcios] revelaron a los griegos los secretos del año completo, que estos últimos ignoraban al igual que muchas otras cosas.*

>> **En la edición digital de este libro, que se publica tanto en formato PDF como para libro electrónico (e-book), aparecen varias fotografías que apoyan el contenido de este subcapítulo.**

[Vea más información en el Capítulo 1 de este libro acerca del ciclo zodiacal, la antigüedad remota del Antiguo Egipto y el preciso calendario egipcio].

Capítulo 12 : La geometría y las matemáticas

12.1 LA GEOMETRÍA SAGRADA Y LAS CIENCIAS NATURALES

La geometría de los antiguos egipcios era mucho más que un estudio de puntos, líneas, superficies y sólidos, y sus propiedades y mediciones. La armonía inherente en la geometría fue reconocida en el Antiguo Egipto como la expresión más convincente de un plan divino que sustenta el mundo, un plan metafísico que determina el físico.

Para los antiguos egipcios, la geometría aportaba los medios para que la humanidad pudiera entender los misterios del orden divino. La geometría está en todas partes de la naturaleza: su orden sustenta la estructura de todas las cosas, desde las moléculas a las galaxias. La naturaleza de las formas geométricas permite su funcionamiento. El diseño que utiliza los principios de la geometría sagrada debe lograr el mismo objetivo, es decir la forma de cumplir/representar una función.

La geometría sagrada no solo aborda las proporciones de las figuras geométricas, sino también las relaciones armónicas entre las partes y el todo, como las partes del ser humano con las demás partes, la estructura de las plantas y los animales, las formas de los objetos de cristal y naturales, todas ellas son manifestaciones del continuo universal.

La clave de la proporción armónica divina (geometría sagrada) es la relación entre la progresión del crecimiento y la proporción.

La proporción armónica y la progresión son la esencia del universo creado. Esta es coherente con la naturaleza que nos rodea. La naturaleza que nos rodea sigue esta relación armoniosa. La progresión natural sigue una serie que se popularizó en Occidente como la "sucesión de Fibonacci".

Debido a que esta serie existía antes de Fibonacci (nacido en 1179 EC), no debería llevar su nombre. Tanto Fibonacci como sus analistas occidentales ni siquiera reclamaron que era de su "creación". Llamemos a las cosas lo que son, una *sucesión recurrente*. Esta es un serie progresiva que comienza con los dos primeros números del sistema del Antiguo Egipto, es decir el 2 y el 3. Después se añade a su total el número anterior, y así sucesivamente, cualquier cifra es la suma de las dos precedentes. Por lo tanto, la serie sería la siguiente: 2, 3, 5, 8, 13, 21, 34, 55, 89, 144, 233, 377, 610,...

Esta serie se refleja en toda la naturaleza. El número de semillas de un girasol, los pétalos de cualquier flor, la disposición de las piñas de pino, el crecimiento de una concha de nautilus, etc., todo sigue el mismo patrón de esta serie.

La abrumadora evidencia indica que los antiguos egipcios conocían la sucesión recurrente. Los planos de los templos y las tumbas del Antiguo Egipto, en su larga historia, muestran que los principales elementos de los templos se colocaban a lo largo de sus ejes longitudinales siguiendo los números consecutivos de la sucesión recurrente, es decir, 2, 3, 5, 8, 13, 21, 34, 55, 89, 144, 233, 377, 610,...

Una vez que se muestran las dimensiones de los monumentos del Antiguo Egipto en las unidades del codo (0,528 m) del Antiguo Egipto, es evidente que la sucesión recurrente fue creada por los antiguos egipcios. La sucesión recurrente se ajusta perfectamente, y puede considerarse una expresión, de las matemáticas egipcias, que algunos las han definido como un *procedimiento acumulativo* en esencia.

Existen evidencias acerca del conocimiento de la sucesión recurrente, desde el Templo de la Pirámide (erróneamente llamado funerario) de Kefrén (Chephren), en Giza, construido en el año 2500 AEC, es decir aproximadamente 3.700 años antes de Fibonacci.

Los puntos esenciales del templo [como se muestra a continuación] cumplen con la sucesión recurrente, que obtienen la cifra de 233 codos en su longitud total, medido a partir de la pirámide, con DIEZ números consecutivos de la serie.

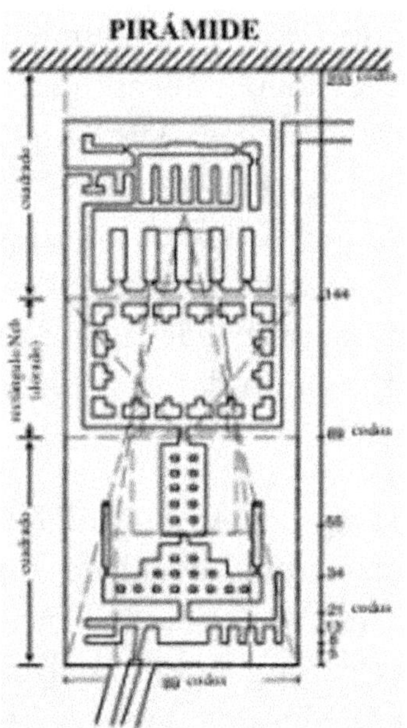

En lo referente a la actual aplicación limitada del término geometría, todos los aspectos de nuestra geometría actual se perfeccionaron en el Antiguo Egipto, hace mucho tiempo. Su conocimiento avanzado es muy evidente en unos pocos papiros recuperados, que comúnmente se conocen como los papiros "matemáticos" del Antiguo Egipto. Más adelante en este capítulo encontrará más información sobre estos papiros.

12.2 LA GEODESIA

En un país que se basa en la agricultura, se desarrolló la geodesia (la ciencia de la medición de la tierra), mucho antes de la época del faraón Mena (Menes). La medición del área de superficie y las diferentes elevaciones del país fueron fundamentales en el diseño, la construcción y el funcionamiento de los canales y diques, que distribuían el agua a las tierras cultivables. Por lo tanto, los antiguos egipcios estudiaron, recopilaron y utilizaron una inmensa cantidad de datos geográficos acerca de la superficie de la tierra (incluyendo las superficies de agua) con mediciones actuales.

El pabellón de Senusert (Sesostris) I [1971–1926 AEC], en el Templo de Karnak, incorpora conocimiento geodésico en su diseño, y además ofrece una gran cantidad de información geodésica. Muestra (entre otras cosas) una lista de todas las provincias de Egipto con sus respectivas áreas de superficie de tierra, probando que se hacían los estudios actuales. Se enumeraban las principales ciudades, se daba la longitud total de Egipto, y se tomaba nota de la altura normal de la inundación del Nilo en tres puntos principales a lo largo del río. Además se suministraban muchas otras informaciones útiles.

Se da poco mérito, si algo, al Antiguo Egipto como la fuente de las descripciones y mediciones detalladas que se encontraron en los volúmenes de Estrabón, *Geografía*. Estrabón obtuvo las descripciones detalladas de la geografía del mundo (que tardaron siglos en recopilar los geógrafos egipcios) de Egipto, donde estudió durante varios años.

12.3 LAS MATEMÁTICAS Y LA NUMEROLOGÍA

Para los antiguos egipcios, los dos números primarios en el universo son el 2 y 3. Todos los fenómenos sin excepción son polares por naturaleza y triples por principio. En este sentido, los números 2 y 3 son los números primarios, a partir de los cuales se derivan los demás números.

El dos simboliza el poder de la multiplicidad, lo femenino y el recipiente mutable, el tres simboliza lo masculino. Esta era la música de las esferas, las armonías universales entre estos dos primitivos símbolos universales de lo masculino y femenino de Osiris e Isis, uniéndose de una manera celestial creando su hijo, Horus. Plutarco confirmó este conocimiento egipcio en *Moralia Volumen V*,

> *El tres (Osiris) es el primer número impar y perfecto; el cuatro es el cuadrado del número par dos (Isis); el cinco(Horus) en cierto modo se parece a su padre y en cierto modo a su madre, como suma que es del tres y del dos...*

El significado de los dos números primarios 2 y 3 (representados como Isis y Osiris) lo plasmó muy claramente Diodoro de Sicilia [*Libro I*, 11. 5],

> *Esos dos neteru (dioses) administran todo el cosmos, alimentando y aumentando todas las cosas...*

En el mundo animado del Antiguo Egipto, los números no designaron simplemente cantidades sino que se consideraron definiciones concretas de los principios energéticos formativos de la naturaleza. Los egipcios llamaron a estos principios energéticos neteru (dioses y diosas).

Para los egipcios, los números no eran sólo impares y pares. Estos números animados en el Antiguo Egipto fueron referidos por Plutarco, en *Moralia Vol. V*, cuando describió el triángulo egipcio 3-4-5:

> *Pues bien, hay que comparar la altura al macho, la base a la hembra y la hipotenusa al hijo de ambos; y representarse*

a Osiris como principio, a Isis como el elemento receptor y a Horus como el resultado perfecto.

La energía y las interacciones entre estos números muestra cómo son masculinos y femeninos, activos y pasivos, verticales y horizontales, …etc. El significado divino de los números en las tradiciones del Antiguo Egipto lo personifica Seshat, La Enumeradora. La netert (diosa) Seshat también se describe como: *La Señora de los libros, Escriba, La Principal en la Casa de las Escrituras Divinas* (Archivos), *la Señora de los Constructores.*

Seshat está estrechamente asociada con Thoth, y se considera que es su contraparte femenina.

El concepto egipcio de simbolismo numérico se popularizó posteriormente en occidente a través de Pitágoras, educado en Egipto (alrededor de los años 580–500 AEC). Como es sabido, Pitágoras estudió durante unos 20 años en Egipto, en el siglo VI AEC.

No queda nada de los escritos de Pitágoras y de sus seguidores inmediatos. Sin embargo, el mundo académico occidental atribuyó a Pitágoras y a los denominados *Pitagóricos*, una lista abierta de grandes avances. El mundo académico occidental les emitió un cheque en blanco.

Se dice que Pitágoras y sus seguidores vieron los números como conceptos divinos, ideas del Dios que creó un universo de una variedad infinita, y orden satisfactorio, a un patrón numérico. 13 siglos antes del nacimiento de Pitágoras se expusieron los mismos principios, en el encabezamiento del papiro egipcio, *Papiro de Rhind* [1848-1801 BCE], que promete,

Cálculo exacto para entrar en conocimiento de todas las cosas existentes y de todos los oscuros secretos y misterios.

La intención es muy clara, que los antiguos egipcios creyeron y establecieron las reglas para los números y sus interacciones (denominadas matemáticas) como las bases para "todas las cosas existentes".

Todos los elementos de diseño en el arte y los edificios egipcios (dimensiones, proporciones, números, etc.) se basaron en el número simbolismo egipcio, como el nombre del antiguo Egipto para los mayores templos de Egipto, es decir el complejo de templos de Karnak, que es *Apet-sut*, y que quiere decir *Enumerador de los lugares*. El nombre del templo habla por sí mismo. Este templo se comenzó a construir en el Reino Medio alrededor del año 1971 AEC, y se fue ampliando de forma continua durante los siguientes 1.500 años. [Para más información sobre los números y su significado, vea *Cosmología egipcia: El universo animado* y *The Ancient Egyptian Metaphysical Architecture* por Moustafa Gadalla]

En lo referente a la actual aplicación limitada del tema de las "matemáticas", la perfección de los monumentos del Antiguo Egipto da fe de su conocimiento superior. En primer lugar, los egipcios tenían un sistema numérico decimal, con un signo para 1, otro para 10, 100, 1.000 y así sucesivamente. La evidencia al comienzo de la Dinastía I (2575 AEC) muestra que el sistema de anotación se conocía hasta el signo para 1.000.000. Utilizaban sumas y restas. La multiplicación, excepto para casos más sencillos en que un número tenía que ser duplicado o multiplicado por diez, implicaba un proceso de duplicar y sumar, que es, por cierto, la forma en que trabaja un ordenador. Nuestras tablas de multiplicar confían totalmente en la memorización y nada más, y no pueden de ninguna manera considerarse un logro humano. El proceso informático es más sencillo, más preciso y más rápido, como todos sabemos.

Los académicos ignoran el conocimiento incorporado en los numerosos trabajos del Antiguo Egipto. Solo quieren referirse a unos pocos papiros recuperados del Antiguo Egipto que proceden de un papiro del Reino Medio y a unos pocos fragmentos de otros textos de naturaleza similar. El estudio de las matemáticas comenzó mucho antes de que se escribieran los papiros "matemáticos" encontrados. Estos papiros encontrados no representan un tratado matemático en el sentido moderno, es decir que no contienen una serie de reglas para abordar los problemas de diferentes tipos, sino que simplemente presentan una serie de tablas y ejemplos calculados con la ayuda de las tablas. Los cuatro papiros a los que se hace más referencia son:

1. El Papiro "Matemático" de Rhind (actualmente en el Museo Británico) es una copia de un documento más antiguo de la época del Rey Nemara (1849-1801 AEC), de la DinastíaXXII. Consta de varios ejemplos a los cuales los egiptólogos académicos les han adjudicado los números de serie 1 al 84.
2. El Papiro "Matemático" de Moscú (en el Museo de Bellas Artes de Moscú) también fechado en la Dinastía XXII. Consta de varios ejemplos a los cuales los egiptólogos académicos les han adjudicado los números de serie 1 al 19. Cuatro ejemplos son geométricos.
3. Los fragmentos de Kahun.
4. El Papiro de Berlín 6619, que consta de cuatro fragmentos reproducidos conforme a los números 1 al 4.

A continuación, presentamos un resumen de los contenidos del Papiro "Matemático" de Rhind:

• Aritmética

  – División de varios números
  – Multiplicación de fracciones.
  – Soluciones de ecuaciones de primer grado.
  – División de objetos en proporciones desiguales.

• Medición

       – Volúmenes y contenido cúbico de contenedores cilíndricos y pectal paralelopipedo rectangular

- Áreas del:

    - rectángulo
    - círculo
    - triángulo
    - triángulo truncado
    - trapecio

- Pendiente o ángulo de una inclinación de una pirámide y de un cono.

- Problemas varios:

    - Divisiones en porciones en progresión aritmética.
    - Progresión geométrica.

Otros procesos matemáticos conocidos de otros Papiros incluyen:

- Cantidades cuadradas y de raíces cuadradas que implican fracciones sencillas [Papiro de Berlín 6619].

- Solución de ecuaciones de segundo grado [Papiro de Berlín 6619].

- **Debe considerarse que el Papiro de Rhind muestra que el cálculo de la inclinación de la pirámide [Núms. Rhind 56-60] emplea los principios de un triángulo cuadrangular, lo cual se denomina el *Teorema de Pitágoras*. Este Papiro egipcio está fechado miles de años antes de que Pitágoras naciera.**

Este teorema afirma que el cuadrado de la hipotenusa de un triángulo rectángulo es igual a la suma de los cuadrados de los otros dos lados. Plutarco explicó la relación entre los tres lados de un triángulo de ángulo recto 3:4:5, que llamó (como todos en su época) el triángulo "Osiris".

12.4 LOS "RATIOS" SAGRADOS

Los antiguos egipcios conocían los *números trascendentales pi* y *phi*. Conocían la proporción armónica de sus edificaciones y obras artísticas.

1. La Proporción Dorada (que *numéricamente* = 1,618), a la que el mundo académico occidental ha asignado recientemente un símbolo arbitrario, la letra del alfabeto griego ϕ (phi), que se conocía y usaba mucho antes de los griegos. Y, lo que es peor, es que no hay evidencias reales de que los griegos la conocieran.

La integridad y la honestidad demandan que el término del Antiguo Egipto sea usado para esta proporción, es decir la Proporción Neb (Dorada). Neb significa oro, divino. Además, esta proporción se conoce en los textos occidentales como *Dorada* y *Divina*, desde el siglo XIX.

La Proporción Neb (Dorada) puede obtenerse matemáticamente desde la sucesión recurrente, que los antiguos egipcios conocían al menos hace 4.500 años. Al igual que se desarrolla la sucesión recurrente (2, 3, 5, 8, 13, 21, 34, 55, 89, 144,...), el ratio entre los números sucesivos tiende hacia la Proporción Neb (Dorada). Los ratios 55:34, 89:55, 144:89,... etc., tienen todos el mismo "valor" 1,618. Como se mostró anteriormente, los templos y santuarios del Antiguo Egipto se segmentan en los números progresivos de la Serie de Sucesión, los puntos significativos a lo largo del eje del plan de construcción.

Asimismo, la Proporción Neb (Dorada) puede obtenerse gráficamente, de diferentes maneras, que eran todas comunes en las edificaciones egipcias a través de su historia dinástica. [Vea más información acerca de diferentes maneras en *The Ancient Egyptian Metaphysical Architecture* de Moustafa Gadalla].

2. La constante de circunferencia es la representación funcional del círculo. Es el ratio entre la circunferencia del círculo y su diámetro. El mundo académico occidental lo populariza como la letra griega *pi* y le da un valor de 3,1415927.

Los egipcios conocían las propiedades del círculo y de otras curvas, desde sus registros que se conservan. Registro de la DinastíaIII [aproximadamente en el año 2630 AEC] muestra la definición de la curva de un tejado, en Saqqara, por un sistema de coordenadas [que se muestra a continuación]. Este registro muestra que su conocimiento del círculo les permitió calcular las coordenadas a lo largo de esta curva vertical. Por consiguiente, los trabajadores de la construcción seguían dimensiones precisas en la ejecución de sus curvas circulares.

Asimismo, los egipcios habían construido sus capitales con nueve elementos y ocasionalmente con siete, además de los polígonos de 6, 8, 11 y 13 lados, debido a que conocían las propiedades del círculo y su relación con las coordenadas perpendiculares y otras figuras geométricas.

Dicha aplicación era evidente en Egipto por lo menos hace 2.000 años antes de que naciera Arquímedes.

El diseño típico de puerta del Antiguo Egipto incorporaba ambos ratios sagrados (pi y phi), como ya hemos mostrado y explicado.

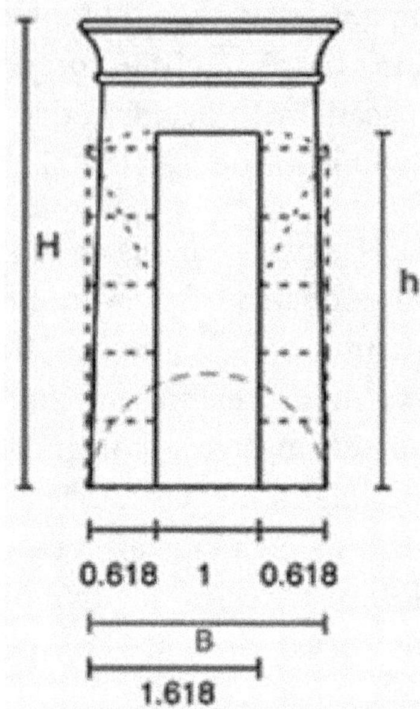

1. El esquema general en el plano vertical es el cuadrado doble, el ratio 1:2. [H = 2B]

2. El ancho de apertura se basa en un cuadrado inscrito dentro de un semicírculo, la típica forma del Antiguo Egipto de proporcionar un rectángulo de cinco raíces. Por eso, el espesor de la jamba es 0,618 la anchura de la apertura.

3. La altura de la apertura (h) = 3,1415 = pi

PARTE IV : LA ECONOMÍA DINÁMICA

Capítulo 13 : La cultura del cultivo

13.1 AGRICULTURA DE CLIMA SECO

Egipto es (y era) una de las zonas más áridas del mundo. En Egipto el río Nilo recibía el 90% de su agua durante el período de 100 días de inundaciones cada año, como atestiguó Heródoto, en *La Historia*, [II, 92], donde afirmaba:

> *...¿Por qué el Nilo sale de madre en el solsticio del verano? ¿por qué dura cien días en su inundación? ¿por qué menguado otra vez se retira al antiguo cauce, y mantiene bajo su corriente por todo el invierno, hasta el solsticio del estío venidero?*

Las aguas de inundaciones del Nilo se producen por la temporada de lluvias de Etiopía, que erosiona el limo de las tierras altas de Etiopía y las transporta hacia Egipto a través del Nilo Azul y otros afluentes. Una cantidad no apreciable de agua llega a Egipto a través del Nilo Blanco que parte desde África Central.

Los antiguos egipcios gestionaban sus recursos limitados de agua de manera eficiente, y llegaron a ser los mejores agricultores de clima seco del mundo. El Antiguo Egipto era reconocido en todo el mundo por sus técnicas agrícolas y de riego de clima seco. Diodoro habló sobre este eficiente sistema agrícola,

> *...criados desde niños en las labores agrícolas, aventajan mucho en experiencia a los campesinos de los otros pueblos: conocen más exactamente que todos la naturaleza de la tierra, el riego del agua y también los momentos de la siembra, de*

la siega y de las demás recolecciones de cosechas, tras haber aprendido unas cosas de la observación de sus antepasados e instruidos en otras por su propia experienda.

Se constituyeron varias entidades por todo el Valle del Nilo para gestionar las abundantes aguas de inundaciones que hacían observaciones, mediciones y regulaciones del caudal de agua a todo el Valle del Nilo. Como consecuencia de ello, se desarrolló un sistema de riego comunitario muy organizado que se utiliza desde tiempos inmemoriales.

Los recursos limitados de agua disponible en el Antiguo Egipto se gestionaban del modo más eficiente al utilizar métodos organizados de conservación y desviación de agua. Según Estrabón, el sistema de riego comunitario egipcio estaba admirablemente gestionado,

> *...ese arte consiguió a veces proporcionar lo que negaba la naturaleza, y, mediante canales y diques, había pequeña diferencia en la cantidad de tierra regada, ya fuera la inundación deficiente o abundante.*

Los antiguos egipcios hicieron observaciones precisas del crecimiento de la cota del Nilo durante la temporada de inundaciones. Los nilómetros, dispositivos utilizados para medir el ascenso y descenso gradual del Nilo, se construyeron en varias partes de Egipto, e informaban y registraban las fluctuaciones de la superficie del agua. Las elevaciones en los nilómetros en todo Egipto se vinculaban todas a un dato comunitario único. Funcionarios expertos controlaban la regulación de las cantidades y duración del caudal de agua a una altura y duración determinada. Diodoro, en su *Libro I* [19, 5-6], afirma:

> *...en época de inundación no se pueden formar pozas estancadas sobre la tierra en perjuicio suyo, sino que el agua de la inundación puede dejarse sobre el campo, en un flujo ligero en*

la cantidad que se pueda necesitar, mediante puertas que ellos [los egipcios] han construido.

El agua de la inundación se gestionaba de manera distinta en varios distritos. Dependía de muchos factores, como las alturas/ cotas de las tierras contiguas, y las cosechas de las que disponían para cultivar en ese momento, etc.

Los antiguos egipcios conocían los diferentes tipos de suelo, para producir diferentes productos agrícolas. Incluso se aprovechaban del límite del desierto, donde los suelos son una mezcla de arcilla y arena, para cultivar la vid y algunas otras plantas, que eran adecuadas para estos suelos.

Aparte de la mezcla de tierra nitrosa que se nutría con limo de las colinas de Etiopía, los egipcios utilizaban nutrientes de suelo adicionales, como fertilizantes naturales, estiércol de diferentes animales y aves, con diferentes fines. Además, los antiguos egipcios también utilizaban fertilizantes "químicos", que se esparcía sobre las superficies. Estos se utilizaban para determinados cultivos, especialmente aquellos de cultivo tardío en el año.

Los antiguos egipcios no solo suministraban agua a las tierras bajas, sino que podían irrigar las tierras que estaban demasiado lejos del río para anegarse directamente por él. Para alcanzar todo el camino hacia las arenas del desierto, utilizaban un sistema de canales y dispositivos de elevación de agua. En el Antiguo Egipto, el agua se elevaba a canales superiores utilizando:

1. El *cigoñal*, el modo normal de elevar el agua del Nilo o de los canales de alimentación para una cantidad pequeña de agua. Consta básicamente de una pértiga y un cubo.

2. La máquina de pie (bomba) mencionada por Filón, que se repite en el *Deuteronomio* [xi, 40].

La tierra a la cual entras para tomarla en posesión no es

3. El tornillo hidráulico, las bombas de agua egipcias fueron famosas en todo el mundo, y se utilizaron en las actividades mineras de Iberia, según el siguiente testimonio de Estrabón, *Geografía*, [3.2.9]:

El "tornillo egipcio" se diseño y fabricó con el mismo principio que nuestras bombas actuales, que consiste en un tubo espiral enrollado sobre un eje, o un tornillo grande en un cilindro, girado a mano o por medios mecánicos. En el Egipto actual, el de tipo impulsado manualmente es conocido comúnmente como el *tambor*.

4. La noria, con sus palas para coger el agua de los ríos y dispersarla a canales de riego. Son eficientes para suministrar agua a los niveles superiores y por lo tanto pueden encontrarse en lugares como el Oasis Fayún, al sur de El Cairo.

Las obras hidráulicas del Antiguo Egipto y los proyectos de recuperación de tierras eran enormes, incluso para los estándares actuales de proyectos que utilizan maquinaria pesada. A continuación destacamos algunos ejemplos:

1. Hace 4.000 años se realizó un importante proyecto de desviación de vía fluvial. El proyecto comenzó en el actual Asiut, donde una gran cantidad de aguas del Nilo se hizo lle-

gar a la región del actual Fayún, ubicado a 100 kilómetros al suroeste de El Cairo. El Oasis Fayún se halla bajo el nivel del mar, e incluye el lago Karun. El lago era originariamente utilizado como una cuenca hidrográfica para el desbordamiento del Nilo, y una vez llenada toda la región. Esta agua llevaba consigo y depositaba, el fértil limo del Nilo en el fondo del lecho del lago. Este antiguo proyecto principal causó la desviación de millones de galones de agua que se desperdiciaban por la región de Fayún. El caudal de agua al lago se redujo. A raíz de ello, se recuperó cerca del 80% de la zona del lago original y se cultivó su rico suelo. Por este afluente del Nilo se utilizaron diferentes norias para elevar el agua a las orillas. Asimismo, se disponía de más agua en el norte del Valle del Nilo de Asiut, aumentando las tierras cultivables.

2. Existen evidencias arqueológicas de importantes proyectos públicos en la Semna actual, durante la época del Rey Sesostris III [1878–1844 AEC]. La zona de Semna, por encima de la tercera catarata, era fértil y soportaba una gran población. Durante el Reino Medio, una presa artificial bloqueó el cauce. Actualmente, todavía es visible una parte de esta presa, en Semna Oriental. La construcción de la presa elevó el nivel del Nilo a lo largo de cientos de millas al sur, permitiendo que expediciones comerciales navegaran lejos al interior de África. Existen cerca de 25 inscripciones en las rocas por debajo del cauce en las fortalezas de Semna Oriental y Semna Occidental. Estas reflejan los niveles de las inundaciones del Nilo registrados durante el Reino Medio, y todas ellas muestran un nivel cercano a 8 metros superior a los actuales niveles de agua máximos.

13.2 DIVISIÓN DEL TRABAJO

El tiempo árido de Egipto, y la duración limitada del período de inundaciones del Río Nilo, condujeron a un sistema de riego comunitario muy organizado basado en métodos organizados de conservación y desviaciones de agua. Los agricultores necesitaban superintendentes para el suelo, reguladores del caudal de agua, pescadores, etc. Los superintendentes locales se coordinaban con los superintendentes regionales, y estos a su vez coordinaban sus actividades con los superintendentes nacionales.

En el Antiguo Egipto, las consecuencias sociales de las exitosas y eficientes prácticas de la agricultura seca fueron de gran alcance, ya que cuanto más eficiente es la agricultura, más dependiente llega a ser la sociedad de los líderes o superintendentes. Se desarrolló una sociedad jerarquizada, en la cual los líderes coordinaban las diferentes actividades de la sociedad. Estos impulsaban una distribución más eficiente de la mano de obra, con diferentes grupos especializados interactivos.

El Antiguo Egipto no tuvo castas, en el sentido estricto de la palabra. Sino que había una división general del trabajo en cuatro grupos principales:

> 1. La comunidad agrícola, que constaba de nobles, agricultores (que formaban el grueso de la población), criadores de ganado, jardineros, superintendentes de actividades y de deberes de vía fluvial como riego, derechos de pesca y de agua, etc., cazadores, barqueros del Nilo, comerciantes, tenderos y fiadores serviles.

> Los fiadores serviles eran un grupo de personas estrechamente relacionadas en la comunidad agrícola, que normalmente eran una forma de servidumbre, relativamente benévola, una prolongación de los sistemas de linaje y parentesco. Era un caso de *adopción*, siempre estaban bien tratados y podían ascender a posiciones respetadas en los hogares y en las comunidades con los mismos derechos que sus hermanos biológicos.

> 2. Profesionales especializados (artesanos), como: herreros,

trabajadores del cuero, carpinteros/trabajadores de la madera, constructores de embarcaciones, pesadores y notarios públicos, elaboradores de papel, escribas, tejedores, músicos y poetas (narradores/escritores), así como albañiles y constructores, y probablemente alfareros.

3. Intermediarios, que comprenden al clero (templos y santuarios), jueces y doctores.

4. Este último grupo constaba principalmente de personas que trabajaban solos alejados de las zonas habitadas, como grupos de vaqueros, pastores, cuidadores de rebaños de bueyes, ovejeros, cabreros, porqueros, polleros y cazadores de aves.

Estos cuatro grupos principales se subdividían normalmente de nuevo, según su oficio o profesión particular.

Había una movilidad no solo entre las diferentes profesiones sino también dentro de cualquier profesión en concreto. Los individuos no estaban necesariamente limitados a su profesión de por vida. Tenían la opción de buscar otras profesiones pero solo podían llevar a cabo las tareas menos complicadas, ya que no habían tenido una formación permanente.

A lo largo de este libro puede encontrar más información acerca de estos cuatro grupos principales, distribuida en diferentes temas.

Los egipcios antiguos y baladís se identifican por su trabajo. El apellido de la persona era/es la profesión/oficio de la familia (carpintero, herrero, agricultor, sastre,… etc.).

Todas las partes más esenciales de la vida, matrimonio, alojamiento, profesión y rango, giraban en torno a la profesión. Es evidente que la profesión de cada uno define su existencia.

13.3 EL DESTINO INNATO (HISTORIA GENÉTICA)

La división del trabajo en las sociedades egipcias antigua y baladí eran/son, en cierta medida, hereditaria, es decir, el grupo de trabajo de un individuo estaba/está determinado por su nacimiento.

La herencia es importante para determinar los destinos de la mayoría de las personas. Una expresión común, *"naturaleza vs. crianza"*, plantea la cuestión eterna, cuánto es innato y cuánto es un resultado de nuestra educación/entorno.

La gente nace con ciertas habilidades, es decir hay un factor hereditario en lo que creamos. En los Estados Unidos, la gente se refiere a la razón para la genialidad de alguien, al decir, *"Está en sus genes"*, es decir, la razón es genética, que implica lo hereditario.

Serán necesarias varias generaciones para adquirir la destreza o las habilidades especiales particulares de un tipo de trabajo determinado. Basándose en el hábito, la sensación de costumbre, y en la tradición, generalmente los egipcios preferían no tomar riesgos, y por lo tanto elegían quedarse dentro de los límites de la profesión en la cual se habían criado, la profesión ancestral, para su propio bien personal y para el de la sociedad en su conjunto. Dicho razonamiento lógico lo atestiguaron los escritos de Diodoro sobre el sistema de trabajo en el Antiguo Egipto.

Todas las profesiones se delimitaban con claridad, y eran muy eficientes y especializadas. No se deseaba ni alentaba la injerencia en los dominios de los demás.

Este sistema "genético" permitió la acumulación de experiencias de trabajo en edades tempranas. Las habilidades innatas, junto con dicha adquisición de experiencia, fue mucho más eficiente y productiva que nuestro actual sistema educativo común.

En nuestras sociedades post revolución industrial, desaprovechamos tiempo y energía en la escolarización. La mayoría de la gente no llega a ser eficiente en su oficio/profesión hasta que llegan a los 30 años. Al nacer dentro de un oficio/profesión, uno puede ser capaz de contribuir en edades mucho más tempranas.

Hay una idea errónea común de que una "casta" es una división endógama jerarquizada de la sociedad en la cual la pertenencia es hereditaria y permanente. El énfasis sobre la jerarquía impide nuestra comprensión. Un análisis más preciso debería ser, distinguir las castas por las fuentes de capacidad o poder definidas culturalmente.

Las castas no son un tipo de sucesión hereditaria. Aunque un hijo normalmente seguía la profesión de su padre, a causa de los hábitos, ideas, educación o patrocinio y conexión, todavía podían entrar en una profesión/oficio diferente. Tendría que hacerlo sin la ventaja de las experiencias y conexiones de su familia.

Dentro de esta estructura social jerárquica, cada miembro de la comunidad logra su posición social según la posición hereditaria de su familia. Incluso si un niño no realiza la función tradicional de sus padres, el estatus del niño continua como el suyo.

13.4 LA COMUNIDAD AGRÍCOLA

El concepto de la tierra para los egipcios (antiguos y baladís) no acepta la premisa de que ésta es una propiedad que puede ser poseída. Para ellos, las personas tienen derecho a ocupar una tierra solamente si la trabajan, así como sólo pueden poseer el fruto de su trabajo. Los antiguos egipcios no tenían ningún verbo que significara poseer, tener o pertenecer a.

A los agricultores se les permitía el acceso a la tierra sólo si la cultivaban. Este concepto de tierra está presente en muchos países, y es denominado tierra pública (o algún otro término parecido). La idea es que la tierra es "propiedad" del gobierno (es decir, del pueblo) cuyo acceso se proporciona a las personas para que trabajen en ella de una forma determinada (minería, pastoreo, etc.).

El trabajo de los agricultores fue y está estrechamente asociado a los interventores locales (y regionales) de los recursos hídricos. Para que los agricultores se centren en ser productivos, los ancianos facilitaban la interacción con los demás para necesidades como equipamiento, almacenamiento de materiales, negocios, etc. A estos ancianos se les llamaban/llaman los "nobles".

El término, noble, procede de Neb/Nab/Naba del Antiguo Egipto, que es uno de los títulos de los líderes en el Antiguo Egipto. Neb significa oro (tradicionalmente el producto final perfectamente finalizado, el objetivo del alquimista). En este sentido, un noble no era un aristócrata rico, sino más bien un hombre bueno.

La excelente y productiva agricultura de los egipcios facilitaba y beneficiaba el desarrollo de numerosas ciudades. Estos centros atraían industrias, como textiles, cerámicas, vidrio, metal, cuero, etc.

Capítulo 14 : Las industrias de fabricación

14.1 EL CONOCIMIENTO EGIPCIO DE LA METALURGIA Y LA SIDERURGIA

En un período anterior, los egipcios aprendieron cómo trabajar los metales, y todos coinciden en que hace 5.000 años los antiguos egipcios ya habían desarrollado las técnicas de la minería, refinería y siderurgia.

El Antiguo Egipto no tenía distintos tipos de menas de mineral, como plata, cobre, estaño, plomo, etc., aunque producían grandes cantidades de electro (una aleación de oro y plata), cobre y aleaciones de bronce. Los antiguos egipcios utilizaban su experiencia para hacer prospecciones de menas de mineral en Egipto y en otros países. El Antiguo Egipto tenía los medios y el conocimiento para realizar las prospecciones de menas de mineral que necesitaran, establecer procesos de minería y transportar cargas pesadas a largas distancias, por tierra y mar.

Debido a que eran la población más numerosa y rica del mundo antiguo, Egipto importaba grandes cantidades de materias primas, y a cambio exportaba grandes cantidades de productos acabados. Se han encontrado productos metálicos y no metálicos acabados de los antiguos egipcios en tumbas a lo largo de toda la cuenca mediterránea, y en los países europeos, asiáticos y africanos.

Los egipcios poseían importantes conocimientos de química y de la utilización de los óxidos metálicos, como se manifestó en su habilidad para producir vidrio y porcelana en una variedad de colores naturales. Además los antiguos egipcios elaboraban preciosos colores a partir del cobre, lo que refleja su conocimiento de la composición de diferentes metales, y el conocimiento de los efectos producidos por las sales de la tierra sobre distintas sustancias. Esto coincide con nuestra definición "moderna" de química y metalurgia.

- La química es la ciencia que trata sobre la composición y las propiedades de las sustancias, y sobre las reacciones por las cuales unas sustancias se producen a partir de otras o se convierten en otras; la aplicación de esto a un asunto determinado o un campo de actividad; las propiedades químicas, la composición, las reacciones y los usos de una sustancia.

- La metalurgia es la ciencia de los metales, específicamente la ciencia de la separación de los metales a partir de sus menas y su preparación para su uso, mediante la fundición, refinado, etc.

Los métodos de siderurgia: fundición, forja, soldadura y grabado de metales, no solo se practicaba mucho, sino que también eran los más desarrollados. Las referencias frecuentes en los registros de siderurgia del Antiguo Egipto nos aportan una concepción más real de la importancia de esta industria en el Antiguo Egipto.

La capacidad de los egipcios para preparar metales está más que probada con las vasijas, los espejos y los utensilios de bronce, descubiertos en Luxor (Tebas), y en otras partes de Egipto. Adoptaron numerosos métodos para cambiar la composición del bronce, a través de una combinación acertada de aleaciones. Asimismo, tuvieron el secreto de dar un determinado grado de elasticidad al bronce, u hojas de latón, como se evidencia en la daga que alberga el Museo de Berlín en la actualidad. Esta daga destaca por la elasticidad de su hoja, su pulcritud y la perfección de su acabado. Muchos productos del Antiguo Egipto, que actualmente están diseminados por museos europeos, contienen entre 10 y 20 partes de estaño, y entre 80 y 90 partes de cobre.

Su conocimiento de la ductilidad metálica es evidente en su habilidad para producir alambres e hilos metálicos. El trefilado de alambres se logró con los metales más dúctiles como el oro y la plata, así como el latón y el hierro. El hilo y el alambre de oro fue el resultado del trefilado de alambres, y no hay ningún caso de que se alisaran. Los alambres de plata se descubrieron en la tumba de Tutmosis (Thutmose) III, y los alambres de oro se encontraron fijados a los anillos que llevaban el nombre de Osirtasen I, que vivió 600 años antes que Tutmosis III [1490–1436 AEC].

Los egipcios perfeccionaron el arte de hacer el hilo de metales. Este era lo suficientemente fino para entrelazarse en el tejido, y para ornamentación. Existe cierto lino delicado del faraón Amosis, con numerosas figuras de animales trabajadas con hilos de oro, que precisan un alto grado de detalle y delicadeza.

La ciencia y tecnología para fabricar productos y bienes metálicos se conoció y perfeccionó en el Antiguo Egipto, que podía producir numerosas aleaciones metálicas en grandes cantidades. A continuación se muestran algunos ejemplos de la manifestación de su conocimiento.

14.2 LOS PRODUCTOS DE LA ALEACIÓN DE PLATA Y ORO (ELECTRO)

Los antiguos egipcios utilizaban oro, que se extraía en Egipto. Además, utilizaban plata, que no encontraron/encuentran en Egipto, pero que importaron desde la Península Ibérica. Utilizaban plata de manera individual o combinada en la aleación de oro y plata conocida como electro. Los registros del Antiguo Egipto indican que los neteru (dioses/diosas) se fabricaban con *electro*, como la fuente de la energía del universo. Además de para realizar los objetos religiosos como estatuas, amuletos, etc., este amalgama se utilizaba a menudo para adorno personal y para vasijas ornamentales. La proporción del oro frente a la plata era normalmente de dos a tres. Un papiro del Antiguo Egipto de la época de Tutmosis III (1490–1436 AEC) indica que un oficial recibió un "gran montón" de electro, que pesaba 36.392 deben, es decir 3.311 kg y 672 g.

Asimismo, el oro y la plata se fundían para hacer pequeñas estatuas de la misma manera que con cobre y bronce. A menudo, ambos metales se encuentran en forma de perlas sólidas, que tienen al menos 6.000 años.

En las tumbas del Reino Medio de Beni Hassan, las escenas dan una indicación general del oficio de orfebre. El proceso de lavado de la mena, la fundición o fusión del metal con la ayuda del tubo de soplar y creándolo para fines ornamentales, pesaje del mismo, registro de inventario de materiales, y otras profesiones del orfebre, todas ellas se representan en estas tumbas.

Cuando el oro se fundía sólido, se alisaba en una lámina de grosor homogéneo. El oro en forma de lámina se utilizaba para decorar muebles de madera. Las láminas de oro más gruesas se martilleaban directamente sobre la madera y se fijaban con pequeños remaches de oro. Las láminas más delgadas se fijaban con un adhesivo, probablemente de goma, sobre una base preparada de yeso. Las láminas muy finas se utilizaban como un revestimiento para las estatuas, las máscaras de momia, los sarcófagos y para otros objetos. Se aplicaba sobre una capa de yeso, pero no se ha identificado la naturaleza del adhesivo utilizado por el artesano egipcio.

La destreza para trabajar masas enormes del material se muestra en el sarcófago de oro de Tutankamón de 136 kg, actualmente exhibido en el Museo de El Cairo.

14.3 LOS PRODUCTOS DEL COBRE Y EL BRONCE

Las menas de mineral de las que carecía el Antiguo Egipto para producir las aleaciones de cobre y bronce (cobre, arsénico y estaño), se obtenían en el extranjero. Los antiguos egipcios fabricaron grandes cantidades de estas aleaciones, hace más de 5.000 años.

El cobre egipcio estaba endurecido por la incorporación de arsénico. El contenido de arsénico en la aleación de cobre variaba dependiendo del uso previsto. Se ha observado variación en la composición: por ejemplo, las dagas y las alabardas tenían bordes afilados más fuertes, y contenían cobre arsenical al 4%, mientras que las hachas y las puntas contenían cobre arsenical al 2%. El cobre arsenical se utilizaba desde las épocas predinásticas [aproximadamente 5000 AEC] hasta e incluyendo el reino Medio [2040–1783 AEC].

La piedra del Antiguo Egipto (conocida como la "Piedra de Palermo" y actualmente exhibida en el Museo de Palermo) registra la realización de una estatua de cobre de Khasekhemwy de la Dinastía II [aproximadamente 2890–2649 AEC]. Una estatua de cobre de Pepi I [2289–2255 AEC], el ejemplo recuperado más antiguo de una escultura metálica, actualmente se exhibe en el Museo de El Cairo. Es sin duda la naturaleza preciosa de todos los metales de Egipto lo que explica la singularidad de las piezas antiguas, ya que gran parte del metal habría sido fundido y vuelto a utilizar varias veces.

Además de fabricar el cobre arsenical, los antiguos egipcios también fabricaron productos de bronce. La incorporación de una pequeña proporción de estaño al cobre produce bronce, lo que se traduce en un punto de fusión inferior, un aumento de la dureza y una mayor facilidad a la hora de fundirlo. El contenido de estaño varía mucho entre 0,1% y 10% o más. Se han encontrado muchos objetos de bronce de períodos muy remotos. Un cilindro que lleva el nombre de Pepi I [2289–2255 AEC], y que muestra líneas con cortes precisos así como otros artículos de bronce del mismo período, indican que el moldeado de los objetos de bronce es anterior al año 2200 AEC.

La industria del bronce era muy importante para el país. El bronce se perfeccionó y empleó en Egipto para grandes recipientes así como para herramientas y armas. Existen numerosos ejemplos de bronces perfeccionados que provienen de todos los períodos desde el Reino Antiguo [2575–2150 AEC], como la Colección Posno, que en la actualidad se expone en el Louvre de París.

Se encontraron campanas de diferentes tipos del Antiguo Egipto envueltas cuidadosamente en tela, antes de que se colocaran en las tumbas. En la actualidad se exhiben una gran cantidad de estas campanas en el Museo de El Cairo.

Las campanas se fabricaron principalmente con bronce, sin embargo ocasionalmente también se hicieron de oro o plata. Presentan diferentes formas. Algunas tienen la forma de las campanas con una boca irregular, que representa el cáliz de una flor, entre una línea completa de otros tipos. La gran cantidad de moldes de campana del Antiguo Egipto [en la actualidad en el Museo de El Cairo, cat. N° 32315 a, b] ofrecen una excelente evidencia de la fundición de metales en el Antiguo Egipto. Puede verse claramente en estos moldes el agujero de inyección para el metal líquido. El análisis químico de la campana típica del Antiguo Egipto mostró que tiene un 82,4% de cobre, un 16,4% de estaño y un 1,2% de plomo.

Los egipcios utilizaron varios tipos de aleaciones de bronce, como sabemos a partir de los textos del Reino Nuevo, donde hay una mención frecuente al "bronce negro" y al "bronce en la combinación de seis", es decir una aleación de seis componentes. Dichas variaciones producían diferentes colores. El latón amarillo era un compuesto de zinc y cobre. Un tipo de latón blanco (y más fino) tenía una mezcla de plata, que se utilizó para los espejos, y que también se conoció como "latón corintio". Incorporar cobre al compuesto producía un color amarillo, casi una apariencia dorada.

El cobre y el bronce producían material para una gran variedad de utensilios domésticos, como calderos, jarras, cubetas y además de una amplia gama de herramientas y armas, como dagas, espadas, lanzas y hachas, así como hachas de guerra. En los Reinos Antiguo y Medio, predominaron formas de hachas de guerra redondeadas y semicirculares.

Registros del período del Reino Medio [2040–1783 AEC], como los representados en las tumbas de Beni Hassan, muestran una gran variedad de armas del Antiguo Egipto como los diferentes escudos [mostrados a continuación], con distintas variaciones de remachado.

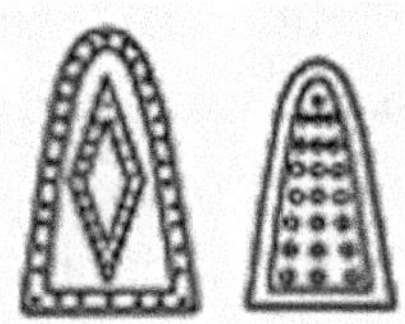

Durante el Reino Medio [1550–1070 AEC], los antiguos egipcios formaron un gran ejército para proteger sus fronteras. Los egipcios contrataron mercenarios para sus fuerzas militares y fabricaron su equipamiento de guerra imprescindible.

Un seguro y próspero Egipto pudo producir grandes cantidades de bienes metálicos en la Dinastía XVIII [1575–1335 AEC]. Este incremento en el número de bienes se correspondió con un aumento de las actividades mineras y un incremento de los objetos de cobre y bronce en las tumbas ibéricas de la misma época, como se hace referencia al final del próximo capítulo.

El Antiguo Egipto hace más de 5.000 años demandó grandes cantidades de cobre, arsénico y estaño. Las tres menas de mineral solo se importaron desde la fuente conocida en el mundo antiguo, Iberia. Registros arqueológicos muestran la antigua utilización de los recursos minerales del sur de Iberia de cobre y arsénico. En cuanto al estaño, conocemos la "Ruta del estaño", que discurría a lo largo de la costa occidental de la Península Ibérica, donde el estaño llegaba desde Galicia y posiblemente desde Cornualles. Estrabón, en el Vol. 3 de su *Geografía*, nos cuenta que,

> *El estaño... se sacaba; y se producía tanto en el país de los bárbaros que vivían más allá de Lusitania, como en las Islas Casitérides; y el estaño se traía a Massilia desde las Islas Británicas.*

Evidencias de contactos antiguos en la "Ruta del estaño" de que procedía de la región mediterránea oriental, es decir del Antiguo Egipto, se muestran en nuestro libro, *Egyptian Romany: The Essence of Hispania*, de Moustafa Gadalla.

14.4 LOS PRODUCTOS VIDRIADOS (CRISTAL Y VIDRIO)

Los antiguos egipcios producían numerosos tipos de artículos vidriados, desde el período predinástico [aproximadamente 5000

AEC]. Los objetos vidriados de esta época antigua eran principalmente perlas, con cuarzo sólido o esteatita para utilizarse como un núcleo. La esteatita se utilizaba para tallar objetos pequeños como amuletos, colgantes y figuras pequeñas de neteru (dioses/diosas), así como unos pocos artículos más grandes, y ofrecía una base ideal para el vidriado. Los objetos de esteatita vidriados se descubrieron en el período dinástico [3050–343 AEC], y es con diferencia el material más común para los escarabajos. Las mismas técnicas del vidriado se utilizaron para producir en masa equipamiento funerario (amuletos, figuras de shabti) y decoración doméstica (azulejos, incrustaciones con motivos florales).

La alta calidad y amplísima variedad de artículos de vidrio del Antiguo Egipto son indicativas del conocimiento de la metalurgia del Antiguo Egipto. Los colores más comunes del vidrio egipcio eran el azul, el verde o el verde azulado. El color es el resultado de añadir un compuesto de cobre. Los resultados más brillantes se lograron al utilizar una mezcla de cobre y plata.

El cristal del Antiguo Egipto se formó al calentar intensamente la arena de cuarzo y el natrón con una pequeña mezcla de agentes colorantes como un compuesto de cobre o la malaquita, para producir tanto cristales verdes como azules. También se utilizaba el Cobalto, que tenía que importarse. Después los ingredientes se fundían en una masa fundida, el calentamiento terminaba cuando la masa lograba las propiedades deseadas. Con la masa enfriada, se vertía en moldes, y se extendía en varillas o cañas delgadas u otra forma deseada.

El soplado del cristal se muestra en las tumbas de Ti [2465–2323 AEC] en Saqqara, Beni Hassan (de hace más de 4000 años), y otras tumbas posteriores.

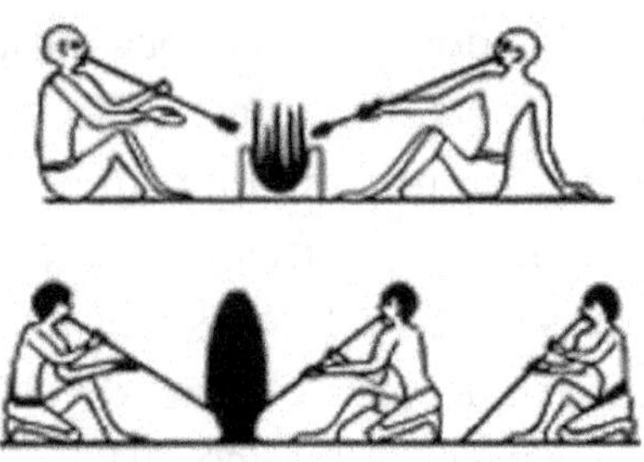

Debido a que el vidrio contiene los mismos ingredientes fundidos de la misma manera que en el cristal; la fabricación del cristal debe por lo tanto atribuirse a los egipcios incluso en fechas mucho más antiguas. El vidrio brillante duro es de la misma calidad que el cristal. La técnica que se aplicaba para fabricar los recipientes de cristal era un desarrollo natural de la técnica del vidriado.

Botellas de cristal egipcias se muestran en los monumentos de la Dinastía IV [2575–2465 AEC]. Se exportaron botellas de cristal egipcias de diferentes colores a otros países como Grecia, Etruria, Italia y más allá.

Los antiguos egipcios mostraban sus conocimientos excelentes de las diferentes propiedades de los materiales en el arte de la tinción del cristal con distintos colores, como se desprende de los numerosos fragmentos encontrados en las tumbas de Luxor (Tebas). Su habilidad en este proceso complicado les permitió imitar el brillo intenso de las piedras preciosas. Algunas perlas de imitación han sido tan bien imitadas, que incluso en la actualidad es difícil diferenciarlas de las perlas reales con lentes potentes. Plinio confirmó que lograban una imitación tan perfecta cuando las lucían,

> *...suele ser difícil diferenciar las piedras verdaderas de las falsas.*

El abanico de colores de estas piedras semipreciosas es fascinante, varía desde el azul límpido del lapislázuli al azul turbulento de la turquesa y el dorado moteado de la cornalina, estas son las tres piedras más representativas del arte de la joyería egipcia. Sin embargo también había ágata, amatista y hematita. Además, deberíamos tener en cuenta que el artesano egipcio hacía maravillas con esmalte, placas grandes que se decoraban con jeroglíficos o cartelas.

Los mosaicos de cristal se construían con diferentes partes, que se fabricaban por separado, y después se unían con calor al aplicar un flujo. Los mosaicos de cristal del Antiguo Egipto tienen preciosos colores brillantes.

Con frecuencia, se encuentra cristal en lo que se llama comúnmente esmalte alveolado egipcio, un término utilizado para describir una incrustación que consta de trozos de cristal, loza o piedra establecidos en celdas metálicas y fijados con cemento. El proceso consistía en colocar cristal en polvo en el esmalte alveolado y aplicar bastante calor para derretir el polvo hasta que se convirtiera en una masa compacta.

La loza vidriada, los azulejos y otras cerámicas eran las mayores industrias del Antiguo Egipto. Algunos azulejos tenían vidrios y diseños de alta calidad en un azul intenso. Asimismo, producían cerámicas con un brillo metálico irisado.

Un elegante bol de loza, en la actualidad en el Museo de Berlin,

decorado con una pintura de tres peces con una cabeza y tres flores de loto.

Algunos azulejos se pintaban con pigmentos hechos con mezclas de óxidos metálicos (de cobre, manganeso, cobalto, etc.) y con silicatos alcalinos con agua. Se han encontrado azulejos vidriados de la más alta calidad en Saqqara con cerca de 4.500 años de antigüedad. La "Tumba del Sur", solo a 300 metros de la Pirámide Escalonada, fue descubierta sin problemas por Lauer y Firth en Saqqara entre 1924 y 1926. Consta de varias cámaras forradas con azulejos azules exactamente igual que las cámaras funerarias de la Pirámide Escalonada.

14.5 LOS PRODUCTOS DE HIERRO

Aunque las pirámides se construyeron antes de las "edades del bronce y del hierro", los egipcios de la Edad de las Pirámides conocían el hierro meteórico. El nombre del Antiguo Egipto para el hierro era *bja*. La palabra, *bja*, se menciona varias veces en los Textos Funerarios (de las Pirámides) de Unas (*UFT en sus siglas en inglés*), que se encontraron en el Complejo de Saqqara (de hace unos 4.500 años) junto con los *"huesos"* de los reyes de la estrella,

> *Yo soy puro y tomo para mí mis huesos de metal (bja), yo estiro mis miembros imperecederos que están en el vientre de Nut... [UFT 530]*

> *Mis huesos son metal (bja) y mis miembros son las estrellas imperecederas. [UFT 1454]*

> *Los huesos del rey son de metal (bja) y los miembros del rey son las estrellas imperecederas... [UFT 2051]*

El hierro se utilizó en el Antiguo Egipto, y en el desierto egipcio se pueden encontrar las minas de hierro. Heródoto menciona herramientas de hierro que son utilizadas por los constructores de las pirámides. La consideración de Heródoto queda confirmada a través de las partes de herramientas de hierro incorporadas en mamposterías antiguas, que egiptólogos del siglo XIX descubrieron en varios lugares. Además, los monumentos de Luxor (Tebas), e incluso las tumbas alrededor de Menfis, que tienen más de 4.000 años, representan carniceros afilando sus cuchillos en una barra metálica redonda acoplada a su delantal, que debido a su color azul solo pueden ser de acero. La distinción entre las armas de bronce y de hierro en la tumba de Ramsés III, unas pintadas en rojo, la otras en azul, no dejan dudas de que ambas se utilizaron en los mismos períodos.

Homero mencionó claramente el uso del hierro en la *Ilíada* [XXIII, 261] y cómo el metal caliente rojo sisea cuando se sumerge en agua.

La datación arbitraria del mundo académico de las Edades de los "desarrollos de los metales" (cobre, bronce, hierro, etc.) no tiene ninguna base. Todas las naciones utilizaron con asiduidad artículos de bronce de diferentes tipos como espadas, dagas, otras armas, y armaduras defensivas, mucho después de que conocieran y utilizaran el hierro. El arrogante mundo académico occidental niega el conocimiento y uso egipcios de los productos de hierro, debido a que los antiguos egipcios nunca abandonaron el uso de los artículos de bronce. Sin embargo, el descubrimiento de las armas y herramientas griegas y romanas, hechas de bronce, nunca fueron usadas por los académicos occidentales para reclamar la *ignorancia* griega y romana del hierro. Por lo tanto, el conocimiento y la producción de productos de hierro en el Antiguo Egipto no pueden ignorarse de manera arbitraria.

14.6 LA EXPERIENCIA MINERA EGIPCIA

En la naturaleza ordenada de la civilización del Antiguo Egipto, mantenían registros escritos que muestran la naturaleza de sus expediciones y los preparativos de sus actividades mineras. Los registros que se conservan del Antiguo Egipto muestran una organización impresionante de actividades mineras hace más de 5.000 años, en numerosos lugares tanto fuera como dentro de Egipto.

Las minas de turquesa de Serabit el-Jadim en la Península del Sinaí muestran una cantera minera típica del Antiguo Egipto, que consta de una red de cavernas y pasajes horizontales y verticales cuidadosamente excavados con esquinas apropiadas, como fueron las canteras de los antiguos egipcios en todos los períodos. Los antiguos egipcios podían excavar largo y profundo en las montañas con el apuntalamiento adecuado y el apoyo de pozos y galerías excavadas. La infiltración de agua subterránea en las galerías y en los pozos se bombeaba de manera segura hasta el nivel del suelo. Estas bombas egipcias fueron famosas en todo el mundo, y se utilizaron en las actividades mineras de Iberia, según el siguiente testimonio de Estrabón, en su *Geografía* [3. 2. 9]:

> ***Así Posidonio insinúa que la energía y la industria de los mineros turdetanos es similar, ya que excavan sus pozos obli-cuamente y profundos, y con respecto a <u>los arroyos que conver-gen en los pozos, con frecuencia trasvasándolos con el tornillo egipcio.</u>***

Los egipcios muy religiosos siempre habían construido templos/santuarios junto con estelas conmemorativas cerca/en cada emplazamiento minero. Las mismas prácticas exactas se encontraron en emplazamientos mineros fuera de Egipto, como en la Península Ibérica, donde se extraía de minas de plata, cobre, etc. desde tiempos inmemoriales.

El emplazamiento minero del Antiguo Egipto de Serabit el-Jadim en el Sinaí ofrece un emplazamiento minero típico, con su pequeño templo de Hathor, llamado *"la Señora de la turquesa"*, que se emplazaba en una terraza rocosa alta que dominaba el valle, desde la Dinastía IV [2575–2465 AEC], o posiblemente mucho antes. Este templo fue después ampliado por los reyes del

Reino Nuevo, especialmente por parte de Tutmosis III. Delante del templo, durante al menos media milla, hay una especie de avenida dispuesta con numerosas estelas macizas cubiertas en los cuatro lados con inscripciones conmemorativas de expediciones mineras. Asimismo, se encontraron estelas inscritas en otras minas por todo Egipto que describen el trabajo de cada emplazamiento minero.

En las minas de Uadi Maghara, en el Sinaí, todavía permanecen las cabañas de piedra de los trabajadores, así como una pequeña fortaleza, construida para proteger a los egipcios emplazados allí de los ataques de los beduinos del Sinaí. Había un pozo de agua no muy lejos de estas minas, y grandes cisternas en la fortaleza para mantener el agua. Las minas de Uadi Maghara estuvieron activas durante toda la época dinástica [3050–343 AEC].

Inscripciones de la Dinastía XIX en el templo de Redesieh en el desierto relatan que el Rey Seti I [1333–1304 AEC] encargó a los canteros que excavaran un pozo de agua tanto para las operaciones mineras como para los trabajadores mineros. Cuando el pozo se finalizó, se construyó una estación y "una ciudad con un templo". Ramsés II [1304–1237 AEC], su sucesor, medió planes para contemplar la perforación de agua adicional a lo largo de las vías a los emplazamientos mineros, donde también la necesitaran.

Cada emplazamiento minero se concebía y planificaba con planos de desarrollo. Se encontraron dos papiros del Antiguo Egipto, que incluían mapas de lugares, relacionados con la actividad minera del oro durante los reinados de los faraones Seti I y Ramsés II. Un papiro, que sólo se conserva parcialmente, representa el distrito de oro de la montaña Bechen en el Desierto arábigo, y que pertenece a la época de Ramsés II. El plano del lugar del papiro encontrado representa dos valles que discurren en paralelo entre sí entre las montañas. Uno de estos valles, como muchos de los valles más grandes del desierto, está cubierto de sotobosque y bloques de piedra que controlan la erosión del suelo como resultado de la evacuación del agua superficial. El plano preparado para el lugar muestra los detalles principales del lugar, como la red de viales dentro del emplazamiento minero y su conexión con el sistema de calzadas exterior y las "rutas que conducen al mar". El plano del lugar también muestra zonas de tratamiento de metales de mena (como el lavado, etc.), pequeñas casas, zonas de almacenaje, varias edificaciones, un pequeño templo, un tanque de agua, etc. La zona circundante del emplazamiento minero muestra terreno cultivado, para suministrar la comida necesaria para la colonia del emplazamiento minero.

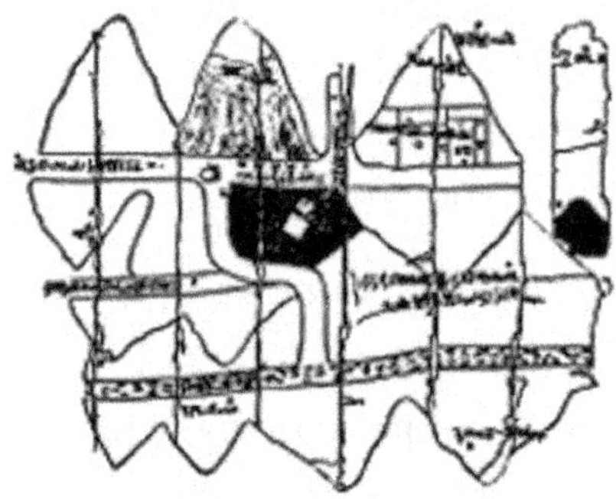

Asimismo, los registros del Antiguo Egipto muestran las diferentes divisiones y especialidades de la mano de obra en los emplazamientos mineros.

Los registros del Antiguo Egipto muestran la estructura organizativa de las operaciones mineras. Registros que se conservan del Antiguo Egipto muestran los nombres y los títulos de varios funcionarios que, durante los Reinos Antiguo y Medio, dirigieron los trabajos en Hammamat, en las minas de Bechen en el Desierto arábigo. Entre ellos se incluían ingenieros, mineros, herreros, albañiles, arquitectos, artistas, destacamentos de seguridad y capitanes de embarcaciones, quienes mantienen la integridad de las piezas de las embarcaciones para volver a montarlas cuando la expedición logra llegar a aguas navegables.

Los metales de mena se trataban en el emplazamiento antes de transportarse por tierra y mar, con fuertes medidas de seguridad, a las zonas pobladas de Egipto por el Valle del Nilo.

Las actividades mineras egipcias estaban muy organizadas con personas viajando de un lado a otro comprobando el trabajo del emplazamiento, para garantizar la adecuada eficiencia de la actividad, suministrar rotación frecuente de la fuerza de trabajo en los emplazamientos mineros y ofrecer servicios a estos recintos fortificados. Bajo el reinado del Rey del Antiguo Egipto Pepi I [2289–2255 AEC], los registros muestran el nombre del director de las canteras y los nombres y títulos de los funcionarios superiores que conducían las visitas de inspección al emplazamiento. Las inscripciones indican muchos títulos, como: "el superintendente jefe de todos los trabajos" y "el arquitecto jefe". Este gran hombre realizó dos visitas de inspección a Hammamat, una vez acompañado por su adjunto, y otra, cuando fue una cuestión de los textos religiosos de las paredes de un templo, con un superintendente de las comisiones de los estados sacrificatorios.

Un documento que data del reinado de Ramsés IV [1163–1156 AEC] ofrece un informe de una expedición a la montaña de Bechen en el Desierto Arábigo, bajo la dirección del "superintendente de los trabajos". La expedición en su conjunto la formaron 8.368 personas. Estos hombres incluían más de 50 funcionarios civiles y eclesiásticos, así como 200 funcionarios de varios departamentos. El trabajo de campo lo llevaban a cabo los mineros, los canteros y otras fuerzas de trabajo conexas, que trabajaban bajo las órdenes de tres superintendentes y el "superintendente jefe". El trabajo lo realizaban 5.000 mineros, herreros, albañiles, etc. y 2.000 diferentes tipos de trabajos. Había al menos 110 oficiales supervisando a 800 hombres mercenarios bárbaros para los destacamentos de seguridad. Las fuerzas de seguridad se necesitaban para la protección de los emplazamientos mineros y el transporte de personas y material. La gestión de este gran número de personas es extraordinario, 8.368 personas es, incluso en la actualidad, el tamaño de una gran comunidad.

Los antiguos egipcios buscaban materias primas en otros países y utilizaban su experiencia autóctona para explotar, extraer y transportar las materias primas desde todo el mundo habitado. Las características mineras del Antiguo Egipto se encontraron en muchos lugares, como Iberia.

14.7 DIFERENTES APLICACIONES TECNOLÓGICAS

La tecnología es por definición el método técnico de lograr propósitos prácticos. La mayoría de los historiadores y académicos están de acuerdo en las características pragmáticas y prácticas de los egipcios antiguos y baladís. Esta es solo una ojeada a algunos logros tecnológicos.

La cerradura Yale: En 1848, Linus Yale inventó supuestamente la cerradura de tambor de pines de cilindro compacto y su nombre se convirtió en un término genérico para este tipo de cerradura. El invento de Yale fue una reinvención del mecanismo de tambor de pines del Antiguo Egipto, empleado normalmente en las cerraduras de sus hogares, hace miles de años.

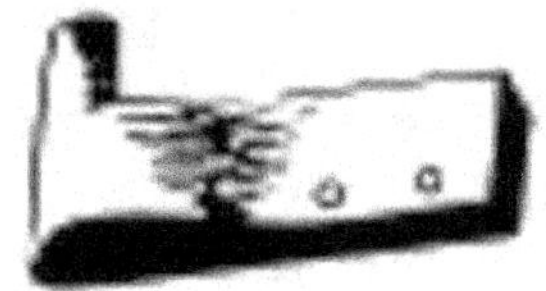

El pin superior, en el que giraba la puerta.

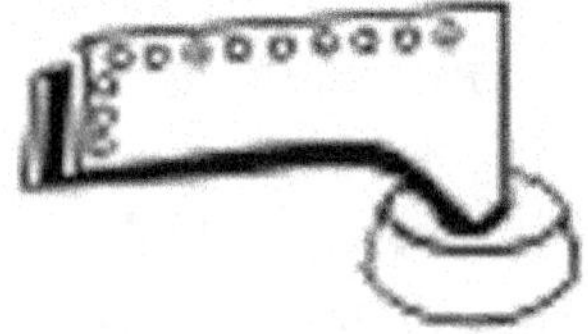

El pin inferior.

Los egipcios utilizaron el **fuelle**, uno de los cuales se representa en la tumba de Tutmosis III. Constaba de una bolsa de cuero, asegurada y fijada a un marco, desde la cual se extendía un tubo largo que transportaba el viento al fuego. Los fuelles se trabajaban con los pies. En la pintura, se observa que cuando el hombre dejaba desatendido los fuelles, no se desinflaban, y, esto confirmaría que los egipcios antiguos conocían la válvula.

Los **sifones** también se inventaron en Egipto, al menos durante el reinado de Amunoph II [aproximadamente 1500 AEC].

En la tumba en Luxor (Tebas), que lleva el nombre de Amunoph, se observa que un sacerdote vierte un líquido en varias vasijas, y otro sacerdote lo trasvasa, al aplicar el sifón a su boca, y después a una vasija más grande. También se muestran escenas similares en las pinturas de la tumba de Ramsés III. Herón de Alejandría, un notable escritor de la antigüedad de la época de Ptolomeo Evergetes II, informaba que los egipcios empleaban sifones como máquinas hidráulicas a gran escala, para drenar las tierras, o para transportar el agua por una colina desde un valle a otro.

Además inventaron las **jeringuillas**, utilizadas para inyectar líquidos en la cabeza o el cuerpo de las momias, durante el proceso de embalsamamiento. Asimismo, fueron famosos en todo el mundo por sus bombas. A esta bomba, Estrabón y otros de su época, la llamaron simplemente el tornillo egipcio.

Al invento de los **Diques** le siguieron, o acompañaron, el de las **esclusas**, y todos sus mecanismos de funcionamiento. Las esclusas eran esenciales en la regulación del suministro de agua a los campos. Se necesitaron muchas capacidades científicas para que funcionase la esclusa y liberarse la cantidad de agua prescrita al terreno designado.

Los egipcios conocían la **polea** como es obvio ya que se ha encontrado alguna, y que se exponen actualmente en el Museo de Antigüedades de Leiden.

Capítulo 15 : La infraestructura de transporte

15.1 GENERAL

Transportar personas, minerales y bienes entre el Antiguo Egipto y otros lugares lejanos era mucho más abundante y común de lo que normalmente se imagina. Los mares no eran un obstáculo, sino grandes rutas para el activo comercio internacional. El transporte marítimo ha sido (y sigue siendo) la manera más efectiva, económica y rápida de viajar tanto para personas como para bienes. El transporte terrestre complementa al transporte marítimo para bienes importantes/grandes.

Los antiguos egipcios tenían los medios para viajar en alta mar, con un gran número de embarcaciones de alta calidad. Además, disponían de conocimientos geográficos para viajar en mar abierto. La evidencia muestra que sus medios y conocimientos les permitían llegar a los países más lejanos de la tierra. Las siguientes páginas detallarán la abundancia de embarcaciones de alta calidad y el conocimiento del Antiguo Egipcio para viajar en alta mar.

Anteriormente, mostrábamos el conocimiento del Antiguo Egipto sobre las estrellas y la superficie de la tierra (incluyendo el agua).

15.2 LAS EMBARCACIONES EGIPCIAS

El Antiguo Egipto tenía los medios, el conocimiento, los materiales y la experiencia para transportar personas y bienes por mar y por tierra. La cantidad de embarcaciones del Antiguo Egipto se reconoció y apreció verdaderamente cuando se encontró la barca de Keops (Cheops) (de hace 4.500 años) cerca de la Gran Pirámide en Giza, en la década de 1970. Esa barca, actualmente exhibida en un museo cercano a la Gran Pirámide, es superior y tiene muchas más condiciones de navegabilidad que la Santa María de Colón, el Mayflower o las embarcaciones vikingas. La evidencia física deja claro que los egipcios tenían medios para viajar en alta mar. Más tarde se detallarán incluso tamaños de embarcaciones más grandes que la de Keops.

Barca de Keops

La barca de Keops es una de las embarcaciones antiguas más grandes encontradas hasta ahora. Las embarcaciones más grandes de los vikingos encontradas en Europa eran de unos 30 metros, mientras que la barca de Keops tiene 43,4 metros de largo. Tiene cerca de 5,9 metros de anchura y 1,75 metro de profundidad y dispone de una capacidad de desplazamiento de más de 40 toneladas. La proa, con la forma de un paquete de papiros, tiene unos 6 metros de altura. Su popa se eleva hasta 7 metros. Su timón lo forman dos remos macizos. La barca dispone de varias cabinas en su cubierta. Hay alguna evidencia de que la barca de Keops se utilizó realmente en el agua. Las marcas causadas por la abrasión entre las cuerdas y la madera de la embarcación se pueden ver todavía en muchos sitios.

La barca consta de varias piezas de madera que se mantienen unidas con cuerdas. Las cuerdas se encogen cuando están húmedas, mientras que la madera se dilata en las mismas condiciones.

Tal contracción y dilatación proporcionaba un sello hermético y seguro y eliminaba cualquier necesidad de clavos metálicos. Este método de construcción de embarcaciones permitía a los antiguos egipcios desmontar la embarcación y transportar las piezas, mientras viajan por tierra, hasta que lograban una vía navegable y segura. Esta ingeniosa técnica de construcción permitió a los antiguos egipcios viajar más tierra adentro. Numerosos papiros del Antiguo Egipto de todas las épocas atestiguan este método de transporte por agua y tierra.

Los antiguos egipcios eran famosos por sus astilleros a lo largo de toda la cuenca mediterránea, pese a que no se disponía en Egipto de la madera necesaria para la carpintería a gran escala y para la construcción de las embarcaciones. Los antiguos egipcios tenían una amplia flota, como evidencian las grandes cantidades de madera que habían importado desde Fenicia. La necesidad de suministros de madera explica, al menos en parte, la importancia del asentamiento permanente, un tipo de protectorado, que los egipcios tenían con los fenicios, desde los tiempos más remotos del Reino Antiguo [aproximadamente el año 2575 AEC].

Los egipcios construían una amplia gama de embarcaciones prácticas, adaptadas perfectamente a los diferentes usos y a la geografía y clima para el transporte tanto de pasajeros como de mercancías. Los barcos egipcios navegaban por las aguas del Nilo y por alta mar, desde las épocas más remotas. Los barcos variaban mucho en su tamaño. Algunos eran enormes. Diodoro menciona uno, fabricado con cedro, construido durante el reinado de Sesostris, que medía unos 140 metros. Hace más de 5.000 años, se conocían todos los tipos de embarcaciones comerciales y militares, y se transportaban bienes a las costas del norte de Britania (Gran Bretaña), Irlanda y Europa. Esto ocurrió mucho antes de que los fenicios se convirtieran en marinos en el primer milenio AEC.

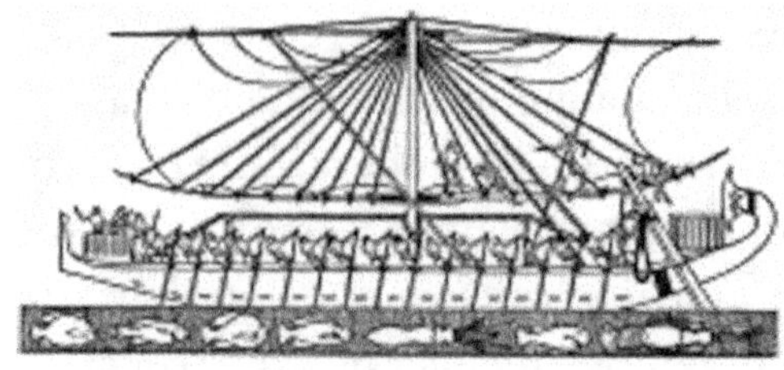

Embarcación a vela de la Reina Hatshepsut en el viaje a Punt.

En épocas muy remotas, la construcción de embarcaciones se hizo muy extensiva. Incluso en el Reino Antiguo [2575–2150 AEC], se construyeron embarcaciones de grandes dimensiones, así oímos hablar de un gran barco de madera de acacia, de 60 codos de largo y 30 codos de ancho... es decir, casi 30,5 metros de largo y 15,25 metros de largo, y una embarcación de estas enormes dimensiones se montó en 17 días.

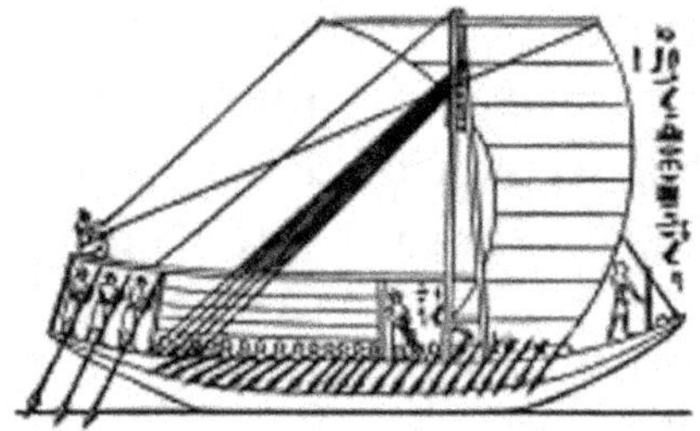

Embarcación grande con vela, un mástil doble y muchos remos.

En una tumba en Kom al-Ahmar, por encima de Minya.

Las imágenes del Reino Antiguo representan varios tipos de embarcaciones, como barcos cuadrados, barcos de popa, remolcadores, etc. Cada tipo es adecuado para funciones/situaciones determinadas. Se utilizaron distintos tipos de embarcaciones en puertos como el de Canopo (anterior al puerto de Alejandría), para adaptarse a las operaciones portuarias. Además de las embarcaciones de mercancías, había pequeños barcos especiales que se utilizaban para transportar cargas más pequeñas.

Había algunos cargueros muy grandes, utilizados para transportar grano, piedra, ladrillos e incluso obeliscos gigantescos, que se tallaban a partir de un bloque único en las canteras de Asuán, y después se llevaban por el río al lugar del templo en Luxor, y a otros lugares.

Casi todas las embarcaciones se hicieron adaptables tanto para navegar a vela como con remos. Cuando navegar a vela era imposible, debido a vientos contrarios, o si se transitaba por tranquilos canales de navegación, los marineros utilizaban técnicas de tracción de sirgas y barcos más pequeños. Asimismo, las embarcaciones que estaban destinadas a transportar mercancías más grandes eran remolcadas por hombres o por otras embarcaciones, debido a que eran demasiado pesadas para moverse de una manera autónoma. Por lo tanto, incluso durante el Reino Antiguo, la mayoría de las embarcaciones contaban con un poste solido en el cual se ataba una cuerda para remolcar. Muchos remolcadores disponían de pequeños postes perpendiculares en ambos extremos para la sirga. Se manejaban, como todas las embarcaciones del Reino Antiguo, por medio de largos remos. Este tipo de embarcación se empleó en el transporte de bloques (es decir, podían transportar enormes pesos) desde las canteras.

Remolcador (aprox. 2400 AEC). El cajón de listones almacena elementos rompibles durante el transporte.

Los timones de la mayoría de los barcos del Antiguo Egipto, desde la época del reino Antiguo, estaban formados por dos remos de dirección macizos.

A lo largo de toda la historia egipcia, la mayoría de las embarcaciones se decoraban y adornaban en la proa con grandes pinturas. La popa se asemejaba a una gigantesca flor de loto; el filo del remo del timón a un ramo de flores, y el bulto de la parte superior se transformaba en la cabeza de un neter (deidad).

Además los antiguos egipcios disponían de una flota naval, que variaba su tamaño dependiendo de las necesidades defensivas en alta mar, durante las diferentes épocas de la historia del Antiguo Egipto. Las embarcaciones especiales se construían de una manera expresa para la guerra. Tanto Heródoto como Diodoro mencionan la flota de grandes embarcaciones o barcos de guerra, equipados por Sesostris en el Golfo Arábigo. La flora la componían 400 embarcaciones y hay razones para creer que el comercio, y los medios para protegerlo con barcos de guerra, existió desde al menos la Dinastía XXII, hace 4.000 años.

Embarcación egipcia del Reino Medio.

Las galeras (barcos de guerra) se empleaban para proteger la itinerante flota comercial de la piratería marítima de fuera de Egipto diferenciándola de la del Nilo. Tenían la proa y la popa más reducidas. En cada lado tenían un baluarte superior de madera a lo largo de toda la longitud del barco que protegía a los remeros de los proyectiles del enemigo. Los mangos de los remos pasaban a través de una abertura situada en la parte más baja.

15.3 PRINCIPALES PUERTOS COSTEROS EGIPCIOS

Los buques de guerra y comerciales eran atendidos por diferentes puertos, referencias orientativas, balizas de agua, instalaciones de carga y descarga, suministros de agua, estaciones de alivio y servicios/necesidades. Entre los puertos marítimos y los centros poblados a lo largo del Nilo había varias rutas, junto con estaciones de suministro.

Las localizaciones estratégicas de las vías fluviales de Egipto facilitaban el comercio entre los entonces tres continentes activos, es decir Europa, África y Asia. Canales de navegación hechos por el hombre permitían el acceso entre el Mar Mediterráneo en Canopo (Alejandría) y el cauce navegable del Río Nilo. Otro canal navegable conectaba el Nilo con el extremo norte del Golfo de Suez, que permitía el acceso al Mar Rojo, a África, a la India y al Lejano Oriente.

Además de los frecuentes puertos a lo largo del Río Nilo navegable, había/hay puertos importantes a lo largo de las costas egipcias tanto del Mar Rojo como del Mar Mediterráneo. Dichos puertos permitían el transporte de bienes y personas hacia y desde todos los continentes.

Toda esta infraestructura de transporte (por tierra y agua) existía antes de que llegasen los griegos y los romanos. Al mundo académico occidental le encanta dar nombres "que suenen a griego" a estas instalaciones/puertos del Antiguo Egipto, para reivindicar (erróneamente) la creatividad europea, en el nombre de griegos y romanos.

Resumiremos los principales puertos del Antiguo Egipto a lo largo de las costas egipcias tanto del Mar Mediterráneo como del Mar Rojo.

El Gran Puerto de Canopo (Alejandría antes Alejandro) era la Doncella de los Mares.

En tiempos antiguos a la ciudad metropolitana actual de Alejandría se la llamaba Canopo, incluso mucho después de la muerte de Alejandro en el año 323 AEC. La región de Canopo es muy amplia y antigua, y tenía una extensión aproximada de 30 km desde la abertura de Canopo en su extremo este, al Puerto de

Faros en su extremo oeste. Era ya una región establecida con múltiples puertos con varios templos fabulosos, mucho antes de la llegada de Alejandro. Numerosos textos antiguos hablan acerca de la importancia de la región y de sus barrios/ciudades, incluso antes del historiador griego Heródoto.

El enorme asentamiento del Antiguo Egipto de la región del Gran Canopo incluía varios barrios (ciudades), varios puertos de aguas profundas, canales navegables para sortear los picados mares y la sedimentación del Nilo en la desembocadura del ramal Canópico del Delta, suministro de agua desde los canales del Nilo, así como numerosos templos para los neteru (dioses y diosas) del Antiguo Egipto, como Hércules, Apis, Isis, etc.

Los magníficos puertos de la región de Canopo acogían un volumen inmenso de comercio marítimo con el mundo mediterráneo y además Canopo era un importante centro de industria astillera. A lo largo de la historia del mundo antiguo, Canopo (nombre anterior de Alejandría) permaneció como la ciudad comercial más importante del mundo mediterráneo. La localización estratégica de Canopo permitió el acceso, no solo a la cuenca mediterránea, sino también al Valle del Nilo, que además se conectaba al comercio de la vía este del Mar Rojo. El significado de Canopo está bien descrito en el homenaje de Dion de Prusa (Dion Crisóstomo),

> *No solo tienes un <u>monopolio del transporte de todo el Mediterráneo debido a la belleza de sus puertos</u>, la magnitud de tu flota, y la abundancia y comercio de los productos de todos los lugares, sino también las aguas exteriores que yacen más allá están a tu alcance, tanto el Mar Rojo como el Océano Índico... El resultado es que el comercio, no solamente de islas, puertos, unos cuantos estrechos e istmos, sino que prácticamente todo el mundo es tuyo. <u>Canopo está situado, por así decirlo, en la encrucijada del mundo...</u>*

El ramal del Delta más occidental, el ramal Canópico (uno de los siete ramales del Delta del Nilo), era históricamente el ramal más importante. Heródoto entró a Egipto por esta vía en el año 450 AEC, sin embargo Estrabón entró a Egipto en el año 24 AEC, a través del puerto de Faros, en el extremo oeste de la región del Gran Canopo.

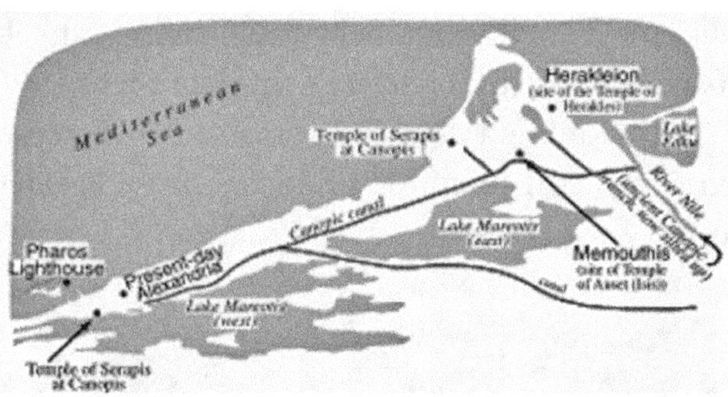

Plano de la Región del Gran Canopo durante la *época faraónica*.

Los monumentos religiosos del Antiguo Egipto de la región del Gran Canopo fueron devastados por los cristianos antiguos, y los nómadas árabes terminaron el abominable trabajo en el siglo VII. Una falta de conservación de los litorales permitió que las olas del mar destruyeran los lugares antiguos. En la actualidad, las ruinas de los grandes monumentos se conocen a través de la arqueología subacuática, en estas dos zonas aparecieron varias inscripciones de diferentes faraones como las de Seti I.

La zona primera es la ciudad de Heraclión, que obtuvo su nombre de su magnífico templo de Hércules, y que era un centro económico muy importante. Heródoto describió este templo magnífico. En el agua cerca de la zona de Heraclión, los arqueólogos descubrieron edificaciones enormes y cabezas de estatuas de reyes faraónicas de casi 4 metros de altura, así como los restos de cientos de pilares de granito de templos.

La segunda zona es la ciudad de Menouthis que está situada a unas 4 km de Heraclión. Se descubrió bajo el agua una superficie de unas 500 x 700 metros de la ciudad de Menouthis, que muestra pilares, esfinges y estatuas destruidos, y cabezas de reyes y de neteru (dioses y diosas). Algunas de las estatuas miden hasta 4 metros de altura, y las estatuas de esfinges representan reyes de diferentes épocas faraónicas.

En el extremo oeste de la zona del Gran Canopo está el puerto de aguas profundas de Faros, creado en una isla rocosa, de menos de 1,6 km de largo. La fama de este puerto se mencionó en la *Ilíada* de Homero, junto con su conocido faro, una de las siete maravillas del mundo antiguo.

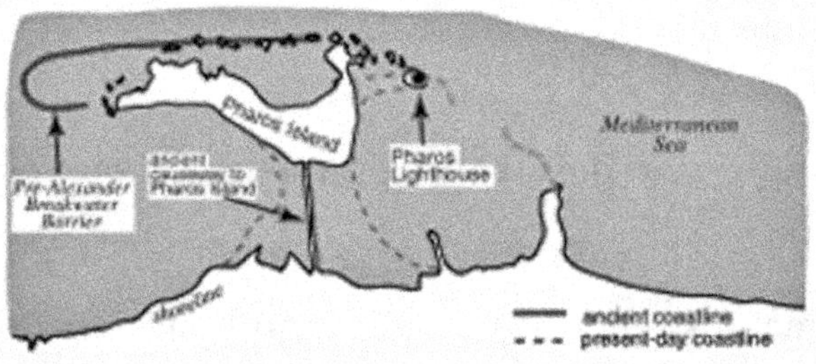

En 1915, las excavaciones subacuáticas adyacentes a la Isla de Faros revelaron los restos de muelles enormes, un rompeolas, y un puerto que se extendía desde el norte hasta el oeste de la isla. Las piedras utilizadas en el puerto eran enormes, pesando varias toneladas. El tamaño enorme del muelle indica la magnitud del comercio marítimo de la Isla de Faros.

Este puerto que era el más occidental sirvió como última escala antes de introducirse a Egipto por la desembocadura Canópica del Nilo a unos 30 km de Faros. Según Heródoto, todos los barcos tenían que entrar a Egipto por el ramal Canópico, donde los aduaneros recaudaban las contribuciones.

No existe una evidencia histórica para apoyar la idea de que durante la era de Alejandro, se creó una calzada que conectaba la isla de Faros con la cercana costa de Racotis. Todos los indicios apuntan a que la calzada existió antes de la llegada de Alejandro, y que se mantenía y ampliaba. Esta lengua de tierra dividió la masa de agua meridional de la Isla de Faros en dos amplias masas de agua.

La Costa del Mar Rojo, ha dispuesto de varios puertos que se reconocen por sus nombres que suenan a "griego", pese a que existían mucho antes de la época greco-romana. Varias rutas, con estaciones de descanso, conectaban estos puertos con el Valle del Nilo. A continuación presentamos los puertos principales a lo largo de la costa del Mar Rojo:

1. **Suez (Arsinoé)**, situado en el extremo norte del Mar Rojo. Se conectaba al Delta del Nilo a través de una serie de lagos naturales y canales de navegación construidos por el hombre.
2. **Hurgada (Myos Hormos)**es un puerto grande. Tiene/tenía un suministro de agua dulce (pozos) adecuado para satisfacer la demanda de agua de la ciudad y los barcos. Este puerto, además de servir a los viajeros de los barcos con destino a y procedentes del Lejano Oriente, conectaba los emplazamientos mineros del Sinaí con Sharm el-Sheij, una pequeña salida de este puerto. Varias rutas unían las puertas de las ciudades, desde Berenice y Port Safaga (Philoteras) en el sur, Suez (Arsinoé) en el norte, y Coptos en el oeste, y las estaciones suministraban agua y otras necesidades a los que viajaban con destino a y procedentes del Nilo.
3. **Safaga (Philoteras)** es un puerto y una ciudad importantes, a 53 km al sur de Hurgada.
4. **Qusier (Leukos Limen)** está situado a 85 km al sur de Safaga y a 160 km al este de Coptos (Qift) en el Nilo. Era un próspero centro de comercio y exportación.
5. **Berenice**está situado a 290 km al sur de Quseir. Es un puerto excelente con una gran ciudad, y disponía de un pequeño pero elegante templo de Serapis. Estaba conectado con varias rutas al Valle del Nilo.

6. **Entre Quseir y Berenice** hay muchos otros puertos (los "Portus multi" de Plinio), a lo largo de la costa. Todos ellos disponían de referencias para guiar a las embarcaciones a la hora de aproximarse a sus entradas rocosas.

15.4 TRANSPORTE TERRESTRE

Transportar cargas pesadas por mar y tierra se documenta en el Antiguo Egipto desde tiempos inmemoriales. En este sentido, había una excelente red de rutas (local, regional e internacional) que suministraban agua, comida, comodidad y puntos de primeros auxilios. Ambos sistemas de transporte por agua y tierra se integraban y coordinaban para obtener una productividad/ eficiencia máxima. Los barcos del Antiguo Egipto ofrecían una combinación de transporte por tierra y agua a punto, que podían desarmarse para llevarse por tierra [vea las anteriores páginas que hacen referencia a la barca de Keops].

Se realizaban transportes de todo tipo de mercancías. En los registros mineros del Antiguo Egipto, se contabilizaban los detalles sobre cómo se trataban los metales de mena en el lugar antes de su transporte por tierra y agua, bajo fuertes medidas de seguridad, desde los emplazamientos mineros en el Sinaí y los desiertos arábigo y occidental a las zonas pobladas de Egipto por el Valle del Nilo.

La capacidad de los antiguos egipcios para transportar cargas enormes por tierra y agua es evidente en el caso del granito. Las canteras de Asuán eran la única fuente para obtener granito en el Antiguo Egipto. Este granito se trabajó incluso durante el Reino Antiguo [2575–2465 AEC]. Algunos de los bloques de granito del templo del rey Kefrén [2520–2494 BCE] no lejos de la Gran Esfinge, miden 4,26 metros de largo, y los situados bajo los arquitrabes del santuario de Sebek en el Fayún, construido por Amenemhat III [1844–1797 AEC], son incluso más grandes con una longitud de 7,9 metros. Los bloques enormes se tallaron y transportaron por medios pesados por tierra, agua y nuevamente tierra, durante varios cientos de millas, desde Asuán al Delta del Nilo y a Canopo (la antigua Alejandría). Es decir, el Antiguo Egipto disponía de un sólido sistema de rutas y unos espectaculares canales navegables en todo el país.

Entre los obeliscos tebanos hay uno con más de 32,6 metros de altura, mientras que un papiro habla sobre un obelisco de alguna de las canteras de Asuán, que medía 120 codos, es decir casi 61 metros. Estos de nuevo eran superados en volumen por la colosal estatua sentada de granito rojo, que yace destruida en el Ramesseum [1304–1237 AEC] de Luxor (Tebas); este coloso se talló a partir de un bloque único de 16,75 metros de altura y su anchura correspondiente. Según una estimación, la estatua pesaba más de 1.000 toneladas.

De las informaciones anteriores, el lector comprenderá cómo eran capaces los egipcios de transportar con seguridad todo tipo de mercancías y pesos.

Registros del Antiguo Egipto desde el Reino Antiguo (2575–2150 AEC) indican que las rutas de bienes se construían y ofrecían con frecuentes puntos intermedios de primeros auxilios. Los planes de construcción de las calzadas se preparaban con una gestión de aguas pluviales y nivelación adecuados. El mapa de la página siguiente muestra algunas de las rutas más reconocidas del Antiguo Egipto que se conectaban con el poblado Valle del Nilo.

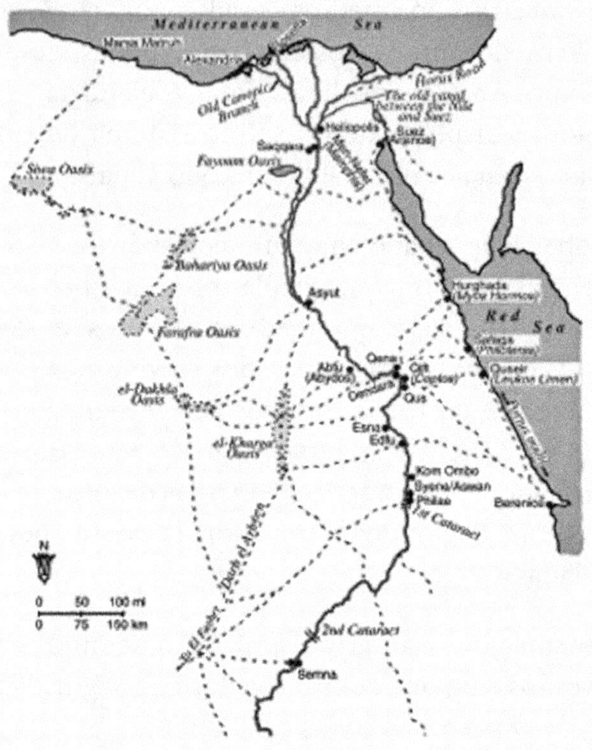

Este mapa muestra los principales puertos costeros del Antiguo Egipto y

las principales rutas del Antiguo Egipto en los desiertos arábigo y occidental.

Los antiguos egipcios utilizaban su experiencia para facilitar la planificación y la construcción de las redes de rutas en todo el mundo conocido. Además ofrecían la protección y la seguridad de las caravanas itinerantes y de los puntos de primeros auxilios. Como resultado de todo ello, se instalaban muchos establecimientos comerciales a lo largo de los puntos estratégicos de la red. La influencia del Antiguo Egipto en estos centros de comercio en todo el mundo habitado es evidente, en las ruinas de los pequeños templos, estelas, etc. del Antiguo Egipto, de estas ubicaciones. Cuando el Antiguo Egipto sufrió penurias e invasio-

nes extranjeras, estos centros de comercio también las sufrieron
y con el tiempo algunos desaparecieron.

15.5 PATRONOS Y SANTUARIOS DE VIAJE

Los antiguos egipcios (según el testimonio de Heródoto) eran las
personas más religiosas de todas las naciones del mundo. Los
antiguos egipcios creían en Un Dios que se representaba a través de las funciones y los atributos de "Su" dominio. Estos atributos se llamaron los neteru (pronunciado net-er-u; en masculino
singular: neter y en femenino singular: netert). Las creencias y
prácticas religiosas relativas a las actividades itinerantes por tierra y/o mar fueron:

1. Deidades con atributos especiales que son importantes para
    el bienestar de los viajeros;
2. Santuarios y templos de tierra y de litoral con asociaciones
    especiales para los viajeros;
3. Ceremonias o actos religiosos realizados por los viajeros
    con respecto a la seguridad del viaje.

Los antiguos egipcios, desde tiempos inmemoriales, han fundado
numerosos templos y santuarios dedicados a sus deidades patronos, por toda la costa de sus vías navegables y por sus rutas.
Todos los viajeros, como sus contrapartes clásicos y modernos,
hacían diferentes ofrendas a su deidades patronos en estos santuarios. Los santuarios de la costa y de las calzadas aportaban un
vínculo con sus protectores divinos mientras estaban lejos de su
base, y servían como referencias que ayudaban a la navegación y
marcaban las fuentes de agua dulce.

A continuación presentamos las deidades más reconocidas que
están relacionadas con viajar en el Antiguo Egipto, y que más
tarde fueron adoptadas por los fenicios y por otros pueblos.

Reshpu (Reshef/Resheph) – representa al desierto y a viajar.
Como tal, Reshpu (Reshef) aparece sin afeitar, según la costum-

bre del Antiguo Egipto de no afeitarse mientras se viaja. La tradición del viajero egipcio sin afeitar era muy reconocida por los escritores clásicos griegos y romanos, como Diodoro, que escribió en su *Libro I*, [2]:

> *Y cuando estaba todo preparado, Osiris, tras la promesa a los dioses de dejar crecer su cabellera hasta que regresara a Egipto, hizo camino a través de Etiopía; por cuya causa, hasta los tiempos más modernos, perduró la costumbre de la cabellera entre los egipcios y <u>los que hacen viajes dejan crecer su cabellera hasta su regreso a casa.</u>*

Esta es la razón por la cual algunas deidades masculinas se mostraban con barbas y cabellos largos, no debido a que eran "sirios", sino porque eran egipcios durante el viaje. Por supuesto, esta representación de las deidades masculinas sin afeitar se encontrará en santuarios y templos fuera del propio Egipto, ya que es donde transcurre el viaje.

Anat – representa el aspecto maternal de la protección. El símbolo de una madre protegiendo a su descendencia es la representación más poderosa. Un buen protector siempre está preparado para impedir cualquier amenaza exterior. Por lo tanto, Anat se representa como una mujer sujetando un escudo y un hacha. Anat está asociada con Sekhmet, la netert (diosa) con cabeza de león, la Valiente. Anat es uno de los 10.000 aspectos/atributos de la Gran Madre netert (diosa) Isis.

Hathor/Astarté – al igual que otras deidades egipcias, también se conoce comúnmente como Asera/Serah/Sarah, lo cual significa noble dama. Para que no quede duda de su origen egipcio, *Aserah* siempre es retratada en su forma egipcia con una media luna y un disco en su tocado. Hathor representa la matriz del principio espiritual metafísico, proporcionando alimento espiritual, sanación, alegría, amor, música y felicidad.

Hathor, como el símbolo de alimento espiritual, también juega un papel importante en los textos de transformación (funerarios), el suministro de la alimentación/guía espiritual requerida por el alma del difunto, a medida que viaja a través del mar cósmico. En consecuencia, Hathor/Aserah es la patrona de viaje y navegación de Egipto, y como resultado, ella aparece en este papel más a menudo fuera de Egipto. Un texto de ataúd egipcio [texto de ataúd N° 61] del Imperio Medio (2040–1783 AEC) la describe como Het-Heru, la señora de quien se dice que *"tomaba los remos de dirección de las… barcas".* La cabeza de Het-Heru por lo tanto siempre se representa justo encima de la popa de los barcos, donde los timones gemelos, los cuales los pilotos expertos utilizaban para guiar la embarcación, se montaban.

En su papel de guardián de los viajeros, Hathor se llama Astarté. Por ser patrona de los viajeros sus templos se encuentran en las ciudades fronterizas. El papel de Astarté en el Antiguo Egipto está bien documentada. A partir de pequeños fragmentos de la época de Ramsés II (1304–1237 AEC), el papel de Astarté como patrona de los viajes al extranjero es evidente. En uno de los fragmentos, el papel de Astarté como patrona de los marineros se afirma claramente:

> *...Mirad, Astarté mora en la región del mar...*

En otro fragmento, Renenutet se dirige a Astarte:

> *Contémplale, si le colmas con tributos, será misericordioso contigo... Por lo tanto dale su tributo en plata, oro, lapislázuli, y... madera.*

Y ella dice a la Enéada de los neteru (dioses y diosas)

> *...el tributo del mar; puede escucharnos...*

Hércules era el Señor egipcio del Viaje.

Existen varias formas de escribir el nombre, Herakles/Hércules/ Horakles, que se considera en cierta manera un hombre dios/

como dios. En todos los casos, es completamente del Antiguo Egipto (no griego), como reconocían los escritores clásicos griegos, como el testimonio del historiador griego Heródoto, en su *Libro II* [102], donde señala enfáticamente,

> ***Este Hércules oía yo a los egipcios contarlo por uno de sus doce dioses, pero no pude adquirir noticia alguna en el país de aquel otro Hércules que conocen los griegos. Entre varias pruebas que me conducen a creer que no deben los egipcios a los griegos el nombre de aquel dios, sino que los griegos lo tomaron de los egipcios,*** *en especial los que designan con él al hijo de Anfitrión, no es la menor, el que Anfitrión y Alcmena, padres del Hércules griego, traían su origen del Egipto.*

Heródoto, una vez más en su *Libro II* [102], indica,

> *...y sea Hércules tenido, como lo es, por dios antiquísimo del Egipto; pues si hemos de oír a aquellos naturales, desde la época en que los ocho dioses engendraron a los otros doce, entre los cuales cuentan a Hércules, hasta el reinado de Amasis, han transcurrido no menos de 17.000 años.*

Diodoro, *I*, [23-24, 1-8], también confirma cómo Hércules es egipcio, y que era él quien colocó los pilares [23, 8-24, 1-8],

> *Y, en general, afirman que los griegos se apropian de sus héroes y dioses más famosos y también de sus colonias. [Diodoro I. 23, 8-24]. También Heracles, egipcio de origen, recorrió por su valentía gran parte del mundo habitado y levantó la Estela de Libia (es decir, el continente africano); [Los Pilares de Hércules se describen en el Libro 4, 18, 4-7]...*

Hércules, mediante los relatos de sus doce cometidos audaces, se convirtió en el paradigma del viajero intrépido, y se encontraba de manera destacada en estaciones de viaje, promontorios, islas y puertos. Pausanias indicó claramente que la estatua de Hércules, que se encontraba en el templo de dios en Erytheia en Cádiz llegó de Egipto en una balsa de madera.

Capítulo 16 : La economía de mercado

16.1 LA ECONOMÍA DE MERCADO

Los principios y prácticas de la actual "economía de libre mercado", "economía del capital", etc., se descubrió en el Antiguo Egipto, sin la necesidad de un "nombre llamativo", como en nuestros días. Toda la sociedad tenía en cuenta la interdependencia de todos los grupos dentro de la sociedad. Se producía un intercambio activo de bienes y servicios entre los diferentes grupos e individuos, directamente o a través de mediadores y comerciantes intermediarios que también podían ampliar las actividades entre varias comunidades. Por otra parte, la excelente y productiva agricultura de los egipcios facilitaba y beneficiaba el desarrollo de numerosas ciudades. Estos centros atraían a las industrias, como la de los textiles, las cerámicas, el vidrio, los metales, la madera y el cuero, fabricantes de lino, tintoreros, curtidores, carpinteros, ebanistas, artesanos, cortadores de cuero, etc. Estos centros industriales tenían mucha actividad.

Los bienes y los servicios se intercambiaban en diferentes ubicaciones. Los mercados públicos ofrecían los medios para intercambiar y comprar productos. Se celebraban mercados semanalmente y por temporadas tanto a nivel local como regional para adquirir productos no locales.

Las tumbas del Antiguo Egipto de Saqqara nos muestran las escenas de la vida diaria en un mercado de la época del Reino Antiguo. Un comerciante de pescado está ocupado limpiando un gran siluro, mientras negocia el precio con su cliente. Este último lleva sus productos del trueque en una caja, mientras negocia el precio con el vendedor. Cerca de allí, otro comerciante vende ungüentos. Otro vende algunos productos que parecen pasteles blancos. Alrededor del verdulero se produce una vigorosa actividad. Hay otro comerciante en cuclillas delante de su cesta de adornos rojos y azules, negociando con un posible comprador. Durante la época del Reino Nuevo, como en la tumba del llamado con frecuencia Cha'emhet, el superintendente de los graneros bajo el reinado de Amenhotep III, existe una imagen con actividad mercantil que muestra el mismo estilo. Presenta grandes barcos que han traído provisiones y que están desembarcándolas en el puerto de Luxor (Tebas). Los marineros están ocupados descargando el cargamento, mientras otros marineros y viajeros compran varios productos a los comerciantes locales.

Tanto el comercio local dentro de Egipto como el llevado a cabo con los países extranjeros se desarrollaban con una vigorosa actividad.

Las exportaciones e importaciones se negociaban con precios al por mayor, en los puntos de entrada al poblado Valle del Nilo. Un ejemplo es la isla de Elefantina, donde los antiguos egipcios intercambiaban los productos de su propio país, y los bienes que habían obtenido de comunidades más meridionales. [Otros ejemplos se muestran en el anterior capítulo titulado *Transporte Terrestre* y *Principales puertos costeros egipcios*].

16.2 TRANSACCIONES COMERCIALES

Hace apenas unos años, se le concedió un Premio Nobel a un economista estadounidense que respaldo una "sociedad sin dinero en efectivo" como el modo más eficaz para las transacciones comerciales. Es irónico que en el Antiguo Egipto, los bienes y los servicios se intercambiaran con la misma premisa sin efectivo, a través del trueque, negociando bienes y servicios sin el intercambio de dinero. Para el trueque (intercambio sin efectivo) es necesario un objeto promedio de un valor convenido que se utiliza como un instrumento de medición de los bienes/servicios intercambiados. Este promedio puede ser algo aceptable para las partes de la transacción. Por ello, el comprador y el vendedor calculaban el valor actual de mercado de sus bienes con respecto a una tercera mercancía de uso común. En el comercio internacional actual, la mercancía promedio es el oro, el dólar estadounidense, etc. No se produce ningún intercambio de oro o dólares entre las partes, exceptuando quizás una pequeña cantidad para ajustar alguna ligera diferencia entre los valores de los bienes intercambiados.

Se han recuperado varios contratos del Antiguo Egipto que muestran los términos y detalles de los acuerdos de trueque entre las partes participantes en el intercambio de bienes y servicios. Un buen ejemplo son los contratos de Hepd'efae, que se recuperaron en Asiut, fechados en el Reino Medio [2040–1783 AEC]. Estos contratos muestran que era posible realizar transacciones comerciales complicadas con estas condiciones de pago. [Los detalles aparecen en el libro de Erman titulado *Life in Ancient Egypt*, páginas. 494-8].

Para aquellas transacciones comerciales que no podían lograrse con el truque, los antiguos egipcios utilizaban monedas. En el

Antiguo Egipto, las monedas se utilizaban sobre una base limitada, principalmente para pagar a los mercenarios extranjeros, que podían enviarlas o llevarlas consigo a sus países de origen, donde después podían intercambiarse por bienes y servicios.

Los términos del Antiguo Egipto utilizados para el dinero también se utilizaban para los pesos. Del mismo modo, en la Gran Bretaña actual, el término "pound" significa tanto una unidad de peso como una unidad monetaria. Además encontramos que la palabra hebrea para el dinero es *séquel/hekel/sheqel*, que es un ligero cambio de sonido de la palabra egipcia (y árabe) *theqel*, que significa peso/dinero.

Las monedas en el Antiguo Egipto se hacían con la forma de anillos de oro, plata y cobre, con pesos específicos, que eran certificados por especialistas. En el lenguaje del Antiguo Egipto, la palabra para designar sello/cuño y anillo es la misma. Todos los pesos se medían y certificaban. Se encontraron monedas de oro en las pinturas de tumbas durante el reinado de Tutmosis III [1490–1436 AEC]. Se recuperaron documentos de la época de Amenhotep II [1436–1413 AEC], que muestran que los valores de los diferentes artículos se expresaban en términos de piezas de metal (de oro, plata y cobre con un valor y peso fijo), que se utilizaban como medios de intercambio. Ejemplos similares se recuperaron del período Ramésida.

El concepto de pesaje era un tema importante y común para los egipcios antiguos y baladís, y que abarca a todos los aspectos de la vida. Se han encontraron balanzas/escalas en todas partes, desde para comprar verduras a representaciones de la armonía musical, a formas de poesía, a la balanza de la justicia que está representada en la escena del Día del Juicio. Asimismo, en nuestros días, la palabra inglesa, *scale*, se utiliza para pesar productos (balanza) y en música (la escala musical).

Representaciones de las tumbas del Antiguo Egipto muestran

pesadores y notarios públicos que determinaban el peso exacto de cualquier cosa que se habían ofrecido a medir, en la calle o en el mercado público, donde de manera temporal instalaban sus balanzas. Eran funcionarios del estado, con un estricto respeto a la justicia, sin favorecer ni al comprador ni al vendedor.

Anillos de oro y plata de tumbas en Ta-Apet (Tebas).

Certificación oficial de pesos en el mercado.

Se muestra a un escriba o notario anotando la cantidad de peso, cualquiera que fuese el producto; y este documento, se daba o mostraba a las partes, autorizando totalmente el acuerdo, y sirviendo como una certificación oficial de la transacción.

Los egipcios baladís todavía mantienen la misma costumbre, las balanzas del kabbaneh público que miden y certifican la exactitud de los pesos, que se devuelven por escrito a petición de las partes.

16.3 EXPORTACIONES EGIPCIAS (BIENES Y SERVICIOS)

La notoriedad de Egipto en el mundo antiguo le convirtió en la fuente de experiencia en todos los aspectos de la vida, como hemos tratado a lo largo de este libro. Además, tanto la agricultura como los bienes fabricados de todo tipo egipcios se solicitaban en todo el mundo. La calidad de toda clase de bienes y servicios egipcios, sobre todo cristal, textiles, artículos de lujo y papiros, encontraban mercados propicios en el este y en el oeste, y esto, continuó ocurriendo durante siglos tras la invasión árabe de Egipto en el año 639 EC.

Se exportaban con frecuencia desde Egipto a otros países botellas de diferentes clases (cristal, porcelana, alabastro y de otros materiales) muchas de ellas con numerosos colores. Los griegos, los etruscos y los romanos recibían estas exportaciones como artículos de lujo, apreciadas como adornos para la mesa debido a su notable calidad. Cuando Egipto se convirtió en una provincia romana, parte del tributo anual pagado a los conquistadores romanos consistió en vasijas de cristal fabricadas en Egipto. Es poco prudente y erróneo considerar que los artículos que poseían los romanos (como resultado de "botines de guerra" y tributos), eran "fabricados en Roma".

En particular, la cristalería egipcia tenía la máxima calidad, como señaló Estrabón. Se compraban ansiosamente botellas de cristal de diferentes colores desde Egipto, y se exportaban a otros países; y la fabricación y los patrones de muchas de ellas descubiertas en Grecia, Etruria y Roma, muestran que eran trabajos egipcios.

Otras exportaciones de la máxima calidad incluían cristales de colores de diferentes tonalidades, esmeraldas artificiales, amatistas y otras piedras preciosas.

Las vasijas exportadas del Antiguo Egipto eran muy numerosas y variadas en forma, tamaño y materiales (piedra dura, alabastro, cristal, marfil, hueso, porcelana, bronce, latón, plata, oro, loza vidriada o cerámica común) y disponían de formas preciosas, diseños ornamentales y material de calidad superior. Los patrones de diseño de sus vasijas y cerámica pintada tenían diferentes estilos: decoración floral, figurativo y armónicamente geométrico, o combinaciones de dos o de los tres tipos, como se muestra a continuación.

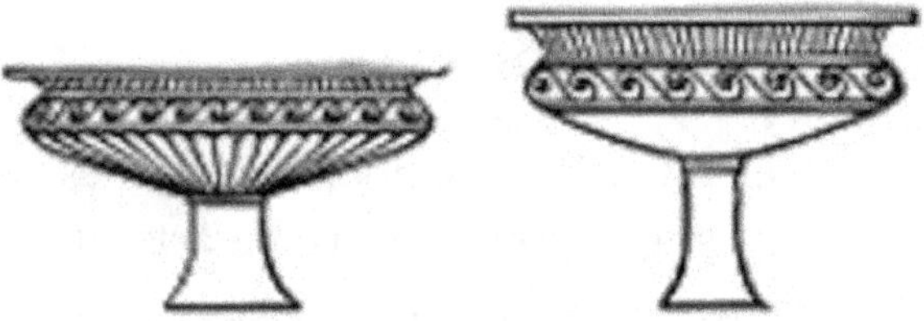

Gold vases of the time of Twt Homosis III. Ta-Apet (Thebes).

Vasija decorada con dos cabezas. Ta-Apet (Tebas).

A menudo, las tazas de oro y plata se grababan con formas hermosas, y se decoraban con piedras preciosas. Entre estas podemos identificar a la esmeralda verde, la amatista púrpura y otras gemas. Cuando una cabeza de animal adornaba sus picaportes, a menudo los ojos se componían de estas gemas, exceptuando cuando el esmalte, o alguna composición colorida, se utilizaban como un sustituto. Muchas de sus vasijas ornamentales, y las que utilizaban, tenían formas muy elegantes. Se parecían mucho a las producciones de las mejores épocas de la Antigua Grecia, tanto en su forma como en los elegantes dispositivos colocados sobre ellas, que algunos podían incluso sospechar que eran prestados de los patrones griegos. Sin embargo eran completamente egipcios, y habían sido universalmente adoptados en el Valle del Nilo, mucho antes de que fueran conocidos en Grecia, un hecho siempre aceptado por aquellos que están familiarizados con la época antigua de los monumentos egipcios, y de las pinturas que los representan.

16.4 IMPORTACIONES EGIPCIAS

A cambio de las exportaciones egipcias de bienes y servicios de alta calidad, el Antiguo Egipto importaba artículos y materiales de los que no disponían en Egipto. Las necesidades de una sociedad civilizada, como la de los antiguos egipcios, no se satisfacía totalmente solo con los productos autóctonos.

El Nilo ofrecía adentrarse en África. Asuán era un punto principal de transacción para el comercio africano. La pieza fundida de la escena del templo de Ramsés II de Beit el-Wali en Kush muestra claramente qué artículos estaban acostumbrados a importar los egipcios del interior de África. Traían leopardos, pieles de leopardo, jirafas, monos, ganado seleccionado, antílopes, gacelas, leones, ébano, marfil, plumas y huevos de avestruz, etc.

Otros productos africanos que importaba Egipto eran: madera, goma, incienso, cornalina (una piedra apreciada tanto como una joya como para puntas de flecha), hematita (ocre rojo), piedra amazónita, perfumes, aceites y perros. [Para más información sobre las rutas y bienes de comercio, vea *Exiled Egyptians: The Heart of Africa*, de M. Gadalla].

Los antiguos egipcios a través del Mar Mediterráneo tenían acceso a los países de la cuenca mediterránea oriental, Europa, e incluso al norte de Europa y a las Américas.

La madera adecuada para la carpintería a gran escala y para la construcción de embarcaciones se importaba desde Fenicia (el Líbano).

Los antiguos egipcios consumían grandes cantidades de mena de mineral, que no se disponía en la región mediterránea oriental, y que solo Iberia (la Península Ibérica) disponía. Cobre, plata, estaño, etc. se importaban de Iberia (España y Portugal) y/o de Britania (Gran Bretaña).

Un papiro del Antiguo Egipto, del Reino Medio, identificado como un papiro de San Petersburgo, muestra que durante un largo período de tiempo los egipcios navegaron por las aguas abiertas de alta mar para obtener materias primas y menas de mineral. En partes del papiro se puede leer:

> *Yo estaba viajando a las minas de lugares lejanos, y me había echado a la mar en un barco que tenía 150 codos [79 m] de largo y 40 codos [21 m] de ancho, y era tripulado por 150 de los más selectos marineros egipcios, quienes conocían tanto el cielo como la tierra, ...*
> *...cuando estábamos en el mar se levantó un vendaval, y las olas llegaron a tener 8 codos [4,2 m] de altura...*

El Mar Rojo daba acceso a África y al Lejano Oriente. Egipto había llegado a las costas del África Oriental (como Punt), al Mar Arábigo, al Océano Índico y a la India. Las importaciones principales de África y la India eran especias y diferentes producciones orientales. A menudo se descubren en las tumbas de Luxor (Tebas) diferentes piedras preciosas, lapislázuli y otros productos que llegaban de esos países.

Si tuvieron los conocimientos y las embarcaciones para navegar esas distancias, ¡por qué algunos desechan la posibilidad de que los egipcios fueran más allá!

16.5 EL APOGEO Y LA DECADENCIA DEL COMERCIO INTERNACIONAL

Egipto era el motor económico del mundo antiguo, además de tener una gran influencia en todos los aspectos de la vida en todo el mundo, como se desprende de este y otros libros de Moustafa Gadalla.

En todo el mundo antiguo se producían prósperas actividades comerciales. Los antiguos egipcios eran los responsables del establecimiento de las rutas comerciales y de los centros de comercio en todo el mundo.

La evidencia arqueológica nos muestra que habían fundado en todo el mundo muchas ciudades/comunidades prósperas. Esta evidencia indica que la desaparición de dichos centros pujantes la causó su pérdida de importancia económica. Hay una relación directa entre el apogeo y la decadencia de los acontecimientos ocurridos en Egipto y el correspondiente apogeo y decadencia de dichos centros económicos "desaparecidos" en todo el mundo. Estos centros de comercio y antiguas regiones prosperas, que algunos llaman "civilizaciones perdidas", fueron desalojados/clausurados, cuando el Antiguo Egipto calló presa de los invasores extranjeros.

Escritores clásicos como Plutarco, Heródoto y Diodoro han afirmado que el Antiguo Egipto tenía colonias pacíficas por todo el mundo. Diodoro de Sicilia, en su *Libro I*, [29, 5], afirma lo siguiente:

> ***En general, los egipcios afirman que sus antepasados enviaron muchísimascolonias hacia muchas partes del mundo habitado por la superioridad de quienes reinaron entre ellos y por el exceso de población.***

A continuación presentamos tres ejemplos de dichas zonas que perdieron su importancia económica debido al declive del Antiguo Egipto.

1. Diodoro, en su *Libro I*, [28, 1-4], habla sobre una colonia egipcia en el actual Moab,

> ***...y el pueblo de colcos en el Ponto y de los judíos entre Arabia y Siria, lo fundaron algunos emigrados suyos[Egipto]; así, por tanto, entre esas razas [árabes y judíos] se ha transmitido desde antiguo el circuncidar a los niños nacidos, costumbre tomada de Egipto.***

La evidencia arqueológica recuperada, de la región antes mencionada, muestra que era un centro de comercio que lo fundaron y protegieron los antiguos egipcios. La famosa "Ruta de Horus" del Antiguo Egipto conectaba Egipto con el Moab y más allá. Allí, la influencia del Antiguo Egipto se extendía a todos los aspectos de la vida. Cuando este prospero centro (como Egipto) fue atacado por los asirios, los persas, y después por los árabes nómadas, desapareció y se convirtió en un centro "fantasma".

La gente de esta colonia del Antiguo Egipto (Moabi) hablaba y escribía el lenguaje egipcio. Las caligrafías encontradas en la región de Moabi parecen exactamente iguales al estilo de escritura demótica del Antiguo Egipto.

Además, la región de Moabi era el origen de los dialectos *árabe*, *hebreo*, y *arameo/sirio*, que son ramificaciones del lenguaje del Antiguo Egipto. Ibn Hazm (fallecido en 1064), el erudito árabe medieval de Córdoba, España, reconoció que el arameo/sirio, el hebreo y el árabe son dialectos parecidos, derivados del *Mudar*, el dialecto en el que ha sido revelado el Corán. El nombre *Mudar* es una forma abreviada del término del Antiguo Egipto, Medu-Neter, que significa las palabras/lenguaje de los ángeles/dios. No es casualidad que los musulmanes digan que el árabe es el "lenguaje de los ángeles". [Para más información lea *The Ancient Egyptian Universal Writing Modes* de Moustafa Gadalla].

2. El Yemen y los Emiratos Árabes Unidos actuales ocupan una ubicación estratégica en la entrada del Mar Rojo con el Océano Índico. La evidencia arqueológica muestra templos abandonados y caligrafía antigua, que son idénticas a los santuarios y caligrafía egipcios. Los antiguos egipcios importaban desde esta región grandes cantidades de incienso y mirra, que son imprescindibles para todos los servicios religiosos. Cuando los invasores extranjeros cerraron los templos del Antiguo Egipto, Yemen y sus comunidades vecinas perdieron su principal fuente de exportación y de este modo las prósperas comunidades se convirtieron en "ciudades fantasmas". [Para más información lea *The Ancient Egyptian Universal Writing Modes* de Moustafa Gadalla].

3. La Península Ibérica era la principal fuente de diferentes menas de mineral para el Antiguo Egipto. La costa portuguesa estaba repleta de prósperos puertos que servían para el intenso tráfico a lo largo de la "Ruta del estaño", que llevaba el nombre de las minas de estaño de Galicia, Irlanda y Britania (Gran Bretaña), que se extraían ampliamente para el transporte de este material al país más poblado y rico del mundo antiguo, Egipto. Todas estas prósperas comunidades desaparecieron y se convirtieron en "ciudades fantasmas", cuando Egipto sufrió la invasión extranjera.

Más tarde mostraremos cómo el apogeo y la decadencia de los acontecimientos ocurridos en el Antiguo Egipto estuvieron relacionados directamente con los hechos acaecidos en la Península Ibérica.

Los hallazgos arqueológicos indican que en el sur de España y en la parte central de Portugal, parece que había surgido de manera repentina la antesala a la metalurgia, antes del final del cuarto milenio AEC. La evidencia muestra que ciertos lugares llamados de la Edad del Bronce Antigua de la Península Ibérica son actualmente colonias establecidas por gentes que proceden de la región mediterránea oriental. Los asentamientos de la Edad del Cobre como Los Millares, Vila Nova de Sao Pedro y Zambujal se conocen por haberse construido alrededor del año 2700 AEC, 2.000 años antes de la llegada de los comerciantes fenicios. Estos asentamientos han sido descritos como asentamientos solitarios y fuertemente defendidos situados en un entorno cultural extranjero, es decir, por causa de la minería, similares a los emplazamientos mineros del Antiguo Egipto.

La fluctuación en el ritmo de las actividades mineras y el tamaño de los asentamientos coincide exactamente con los acontecimientos y usos de los materiales de mena en el Antiguo Egipto. Existen similitudes entre la producción metalúrgica del Antiguo Egipto [como se señaló en el capítulo anterior] y la subsiguiente evidencia arqueológica, durante los mismos períodos en la Península Ibérica.

- El cobre se utiliza en Egipto en las épocas predinásticas (aproximadamente hace 6.000 años), y los antiguos asentamientos de la Iberia (la Península Ibérica) prehistórica se situaban en aquellas regiones que disponían o podían acceder con facilidad a cobre y la plata: las provincias de Almería, Granada y Murcia en el sureste, y las zonas de Huelva, Algarve, Baixo Alentejo y Estremadura en el suroeste.

- Las fortificaciones con bastiones y amuralladas, así como las actividades mineras y la abundancia de objetos de metal de Almería y el Tajo inferior, desaparecieron aproximadamente en el año 2200 AEC, que coincide con el colapso del Reino Antiguo en el Antiguo Egipto. A raíz de ello, la cultura milenaria ibérica tuvo un destino similar.

- La escasa frecuencia de bronces de estaño y su variación en la composición, durante el período argárico ibérico, se ha atribuido a la aparición de estaño en bolsas pequeñas en una única zona, La Unión, cerca de Cartagena, en el sur de Murcia. Asimismo, había una producción limitada de bronce de estaño en las épocas predinástica y de las primeras dinastías del Antiguo Egipto.

- A finales del segundo milenio AEC comenzó más actividad minera de recursos de cobre y estaño en el noroeste de Iberia (la Península Ibérica). A juzgar por la cantidad de necrópolis conocidas de la Edad del Bronce Antigua en el suroeste, puede concluirse que existía un incremento considerable de la población durante la segunda mitad del segundo milenio AEC, que coincide con la muy activa economía egipcia durante la época del Reino Medio (2040-1783 AEC).

- Al finalizar la cultura argárica ibérica, y tras el comienzo de la fase de la Edad del Bronce Final, se produce una ruptura notable en los tipos de metal y las frecuencias. En Almería y Granada hay una drástica caída en la cantidad de objetos de metal. Esta caída se corresponde con los disturbios en Egipto durante y después del gobierno de Akenatón [1367–1361 AEC].

Una gran cantidad de personas, que todavía viven en estos mismos lugares arqueológicos de estas localizaciones ibéricas mencionadas, se parecen, actúan y se autodeclaran descendientes de la Tierra de los faraones. Esta es la gente que conecta Egipto e Hispania (la Península Ibérica), arqueológicamente, históricamente, etnológicamente, lingüísticamente, etc. [Para más información lea *Egyptian Romany: The Essence of Hispania* de Moustafa Gadalla].

1

BIBLIOGRAFÍA SELECCIONADA

Badawy, Alexander, *Ancient Egyptian Architectural Design*, Los Angeles, CA, EE.UU., 1965.

Baines, John y Jaromir Málek, *Atlas of Ancient Egypt*, Nueva York, 1994.

Blackman, Aylward M., *Gods, Priests and Men: Studies in the Religion of Pharaonic Egypt*, Londres y Nueva York, 1998.

Blackman, Winifred S., *The Fellahin of Upper Egypt*, Londres, 1968.

Bleeker, C.J., *Egyptian Festivals: Enactments of Religious Renewal*, Leiden, 1967.

Brecher, K. y Feirtag, M., *Astronomy of the Ancients*, Mass., 1979 ed.

Budge, Sir E.A. Wallis.
– *Egyptian Language, Easy Lessons in Egyptian Hieroglyphics*, Nueva York, 1983.
– *The Gods of the Egyptians*, 2 volúmenes, Nueva York, Dover, 1969.

– *Osiris & The Egyptian Resurrection* (2 volúmenes), Nueva York, 1973.

Chace, Arnold Buffum, *The Rhind Mathematical Papyrus*, Ohio, EE.UU., 1929.

Choisy, Auguste, *Historie de L'Architecture, I*, París, Francia, 1899.

Daniels, Peter T & Bright, William, *The World's Writing Systems*, Oxford, 1996.

De Cenival, Jean-Louis, *Living Architecture*, tr. por K.M. Leake, Nueva York, 1964.

Diodoro de Sicilia, *Books I, II, & IV*, tr. por C.H. Oldfather, Londres, 1964.

Diodoro de Sicilia, *Vol. 1*, tr. por C.H. Oldfather, Londres.

Egyptian Book of the Dead (*The Book of Going Forth by Day*), *The Papyrus of Ani*, EE.UU., 1991.

Engel, Carl, *The Music of The Most Ancient Nations*, Londres, 1929.

Erman, Adolf, *Life in Ancient Egypt*, Nueva York, 1971.

Erman, Adolf, *The Literature of the Ancient Egyptians*, tr. por A.M. Blackman, Londres, 1927.

Estrabón, *The Geography of Strabo*, tr. por Jones, Horace Leonard, Londres, 1917.

Firth, C. M., Quibell, J. E. y Lauer, J. P., *The Step Pyramid, Enactments.*, Cairo, 1935-36.

Gadalla, Moustafa,
– *The Ancient Egyptian Roots of Christianity*, EE.UU., 2007.
– *Egyptian Cosmology: The Animated Universe – 2a ed.*, EE.UU., 2001.

– *Egypt: A Practical Guide*, EE.UU., 1998.
– *Egyptian Divinities: The All Who Are THE ONE.* EE.UU., 2001.
– *Egyptian Harmony: The Visual Music*, EE.UU., 2000.
– *Egyptian Mystics: Seekers of the Way*, EE.UU., 2003.
– *Egyptian Rhythm: The Heavenly Melodies*, EE.UU., 2002.
– *Egyptian Romany: The Essence of Hispania*, EE.UU., 2004.
– *Exiled Egyptians: The Heart of Africa* EE.UU., 1999.
– *Historical Deception: The Untold Story of Ancient Egypt*, EE.UU., 1999.
– *Pyramid Handbook – 2a ed.*, EE.UU., 2000.
– *Tut-Ankh-Amen: The Living Image of the Lord.* EE.UU., 1997.

Gardiner, Sir Alan, *Egyptian Grammar: Being an Introduction to the Study of Hieroglyphs, 3a ed.* Oxford, 1994.

H.M.N., *The Egyptian Prescription*, Cairo, 1988.

Heródoto, *The Histories*, tr. por A. de Selincourt, Nueva York y Harmondsworth, 1954.

Hickmann, Hans,
– *Musikgeschichte in Bildern: Ägypten*, Leipzig, Alemania, 1961.
– *45 Siecles de Musique Dans L'Egypte Ancienne*, Paris, Francia, 1956.

Iversen, Erik, *The Myth of Egypt & Its Hieroglyphs*, Copenhague, 1961.

James, T.G.H., *An Introduction to Ancient Egypt*, Londres, 1979.

Kastor, Joseph, *Wings of the Falcon, Life and Thought of Ancient Egypt*, EE.UU., 1968.

Kepler, Johannes, *The Harmony of the World*, tr. por E.J. Aiton, EE.UU., 1997.

Lambelet, Edouard, *Gods and Goddesses in Ancient Egypt*, Cairo, 1986.

Lane, E.W., *The Manners and Customs of the Modern Egyptians*, Londres, 1836.

McPherson, J.W., *The Moulids of Egypt (Egyptian Saints-Days)*, Cairo,1941

Parkinson, R.B., *Voices From Ancient Egypt, An Anthology of Middle Kingdom Writings*, Londres, 1991.

Peet, T. Eric., *The Rhind Mathematical Papyrus*, Londres, 1923.

Pennick, Nigel, *Sacred Geometry*, Nueva York, 1982.

Petrie, W. M. F., *The Formation of the Alphabet*, Londres, 1912.

Piankoff, Alexandre,
– *The Litany of Re*, Nueva York, 1964.
– *The Pyramid of Unas Texts*, Princeton, NJ, EE.UU., 1968.
– *Mythological Papyri*, Nueva York, 1957.
– *The Shrines of Tut-Ankh-Amon Texts*, Nueva York, 1955.

Platón, *The Collected Dialogues of Plato including the Letters*, editado por E. Hamilton & H., Nueva York, EE.UU., 1961.

Plotino, *The Enneads*, 6 volúmenes, tr. por A.H. Armstrong, Londres, 1978.

Plutarco, *Plutarch's Moralia, Volume V*, tr. por Frank Cole Babbitt, Londres, 1927.

Polin, Claire C. J., *Music of the Ancient Near East*, NY, 1954.

Reeves, Carole, *Egyptian Medicine, Great Britain, 1992.*

Romant, Bernard, *Life in Egypt in Ancient Times*, tr. por J. Smith, Italia, 1986.

Sachs, Curt,
– *The History of Musical Instruments*, Nueva York, 1940.
– *The Rise of Music in the Ancient World*, Nueva York, 1943.
– *The Wellsprings of Music*, The Hague, Holanda, 1962.

Taylor, Isaac, *The History of the Alphabet*, 2 volúmenes, Nuevs York, 1899.

Touma, H.H., *The Music of the Arabs*, Portland, Oregon, EE.UU., 1996.

Wilkinson, Sir J. Gardner, *The Ancient Egyptians, Their Life and Customs*, Londres, 1988.

Varias referencias escritas en árabe.

Varias fuentes de Internet.

2

FUENTES Y NOTAS

El autor dispone de un conocimiento extraordinario del idioma "árabe" (su lengua materna) y del Islam, ya que es musulmán de nacimiento de Egipto y ha cursado estudios islámicos toda su vida.

Las referencias a las fuentes de la bibliografía seleccionada de la sección anterior, solamente hace referencia a los hechos, acontecimientos y fechas, y no a las interpretaciones de dicha información.

Debe señalarse que si se hace referencia a uno de los libros del autor Moustafa Gadalla, cada uno de sus libros contiene anexos a cerca de su propia amplia bibliografía y sus Fuentes y Notas detalladas.

Parte I: Los pueblos de Egipto

Capítulo 1: **El origen**

1.1 El valle que se eleva
Wilkinson, Heródoto, Gadalla (Historical Deception), Baines.

1.2 El punto de origen

Heródoto, Gadalla (Historical Deception, Cosmología egipcia), Platón.

1.3 La Era de Leo y la Esfinge
Heródoto, Gadalla (Historical Deception, Pyramid Handbook, Cosmología egipcia).

1.4 El calendario egipcio
Estrabón, Gadalla (Cosmología egipcia, Místicos egipcios), Platón.

Capítulo 2: El pueblo egipcio

2.1 Los invariables egipcios
Heródoto, Gadalla (Cosmología egipcia, Místicos egipcios), Lane, Ibn Khaldun, Platón, Gadalla (egipcio nativo), W. Blackman, y numerosas referencias "árabes

2.2 Las "religiones raciales"
Budge (Gods I & II), Gadalla (Exiled Egyptians, Egyptian Rhythm, Cosmología egipcia, Místicos egipcios), numerosas referencias "árabes", Gadalla (egipcio nativo).

2.3 La mentalidad mortal
Wilkinson, Diodoro, Erman (Life in Ancient Egypt), James, Budge (Osiris), Gadalla (egipcio nativo), W. Blackman, Lane.

2.4 Los egipcios: los más populosos
Diodoro, Heródoto, Gadalla (Exiled Egyptians, Egyptian Rhythm).

Capítulo 3: Los más religiosos

3.1 Cosmología y alegorías egipcias
Gadalla (**Místicos egipcios**), Budge (dioses), A.M. Blackman, Kastor, Plutarco, Diodoro.

3.2 Monoteísmo y politeísmo

Budge (The Gods of the Egyptians), Wilkinson, Gadalla (Cosmología egipcia, Egyptian Divinities, Historical Deception), Lambelet.

3.3 Simbolismo animal
Gadalla (Cosmología egipcia, Egyptian Divinities, Historical Deception).

*3.4 **La creación del universo***
Gadalla (Cosmología egipcia, Místicos egipcios, Egyptian Divinities, Historical Deception), Budge (Gods I & II).

Capítulo 4: El orden social y político

*4.1 **Sociedad matrilineal/matriarcal***
Gadalla (Cosmología egipcia), Heródoto, Diodoro.

*4.2 **Las comunidades matrilocales***
Gadalla (Cosmología egipcia, Exiled Egyptians), Erman (Life in Ancient Egypt), varias referencias "árabes".

*4.3 **El sistema de república comunitaria***
Wilkinson, Platón, Gadalla (Exiled Egyptians).

*4.4 **El sistema dual de supervisión/administración***
Erman (Life in Ancient Egypt).

*4.5 **Orden de documentación***
Erman (Life in Ancient Egypt), Wilkinson.

Parte II: Las correlaciones cósmicas

Capítulo 5: Como es arriba, es abajo

*5.1 **Consciencia cósmica***
Gadalla (Historical Deception, Cosmología egipcia, Místicos egipcios, Egyptian Rhythm), Wilkinson, Erman (Life in Ancient Egypt), Romant.

5.2 Las festividades de renovación cíclica
Bleeker, Wilkinson, Heródoto, Gadalla (Místicos egipcios),
Plutarco, W. Blackman, McPherson, Lane.

Capítulo 6: El faraón, el vínculo cósmico

6.1 El Amo Siervo
Gadalla (Cosmología egipcia, Historical Deception), Wilkinson.

6.2 El gobierno del pueblo
Diodoro, Wilkinson, Gadalla (Cosmología egipcia, Exiled Egyptians).

6.3 El rey victorioso
Gadalla (Historical Deception, Místicos egipcios, Cosmología egipcia).

Capítulo 7: Los templos egipcios

7.1 La función/objetivo del templo
DeCenival, Badaway, Gadalla (Egyptian Harmony, Místicos egipcios), Choisy.

7.2 El código de construcción
Badawy, DeCenival, Gadalla (Egyptian Harmony), Platón.

7.3 Los parámetros de diseño armónico
Badawy, DeCenival, Gadalla (Egyptian Harmony).

Parte III: Los egipcios eruditos

Capítulo 8: El lenguaje divino

8.1 El lenguaje de la madre divina
Platón, Iverson, Gadalla (Egyptian Harmony).

8.2 La forma de escritura alfabética

Daniels, Erman (Literature), Platón, Petrie, Taylor, Gadalla (Egyptian Harmony, Historical Deception, Egyptian Romany).

8.3 La imaginería y los modos de escritura alfabética
Budge (Egyptian Language), Gardiner, Gadalla (Historical Deception, Egyptian Romany).

8.4 Los símbolos/caligrafía metafísica pictórica
Budge (Egyptian Language), Diodoro, Gardiner, Iverson, Petrie, Platón, Plotino, Plutarco, Gadalla (Cosmología egipcia, Egyptian Harmony, Historical Deception).

8.5 El lenguaje sofisticado
Erman (ambos libros), Gardiner, James, Parkinson, Gadalla (Historical Deception, Egyptian Romany).

Capítulo 9: El patrimonio musical egipcio

9.1 El patrimonio musical
Gadalla (Egyptian Rhythm), Wilkinson, Engel, Hickmann (both books), Polin, Sachs (todos los libros), Touma.

9.2 Las orquestas musicales
Gadalla (Egyptian Rhythm), Wilkinson, Engel, Hickmann (ambos libros), Polin, Sachs (todos los libros), Touma. ### 9.3 El baile y el ballet
Gadalla (Egyptian Rhythm), Wilkinson, Platón, Erman (Life in Ancient Egypt).

Capítulo 10: La salud y la medicina

10.1 El prestigio internacional
Gadalla (Historical Deception, Cosmología egipcia).

10.2 La profesión médica
Gadalla (Historical Deception), H.M.N., Reeves, Wilkinson, Erman (Life in Ancient Egypt).

10.3 *La biblioteca médica*

Gadalla (Historical Deception), H.M.N., Reeves, Wilkinson, Erman (Life in Ancient Egypt).

10.4 *Las curas y las prescripciones*

Gadalla (Historical Deception), H.M.N., Reeves, Wilkinson, Erman (Life in Ancient Egypt).

Capítulo 11: La astronomía

Gadalla (Historical Deception, Egyptian Rhythm, Armonía egipcia, Cosmología egipcia), Erman (Life in Ancient Egypt), Kepler, Diodoro, Estrabón, Brecher, Gadalla como ingeniero civil.

Capítulo 12: La geometría y las matemáticas

12.1 *La geometría sagrada y las ciencias naturales*

Gadalla (Egyptian Harmony, Historical Deception, Pyramid Handbook), Wilkinson, Pennick, Badawy, Petrie.

12.2 *La geodesia*

Gadalla (Historical Deception, Egyptian Harmony), Wilkinson, Heródoto, Gadalla como ingeniero civil.

12.3 *Las matemáticas y la numerología*

Gadalla (Egyptian Harmony, Historical Deception), Wilkinson, Badawy, Chace, Peet.

12.4 *Los "ratios" sagrados*

Gadalla (Egyptian Harmony).

Parte IV: La economía dinámica

Capítulo 13: La cultura del cultivo

13.1 *Agricultura de clima seco*

Heródoto, Diodoro, Wilkinson, Estrabón.

13.2 División del trabajo

Gadalla (Cosmología egipcia, Exiled Egyptians), Heródoto, Diodoro, Wilkinson.

13.3 El destino innato (historia genética)

Gadalla (Cosmología egipcia, Exiled Egyptians), Diodoro, Wilkinson.

13.4 La comunidad agrícola

Gadalla (Cosmología egipcia, Exiled Egyptians), Diodoro, Heródoto, Wilkinson.

Capítulo 14: Las industrias de fabricación

14.1 El conocimiento egipcio de la metalurgia y la siderurgia

James, Erman (Life in Ancient Egypt), Wilkinson, Gadalla (Historical Deception, Egyptian Romany).

14.2 Los productos de la aleación de plata y oro (electro)

James, Erman (Life in Ancient Egypt), Wilkinson, Gadalla (Historical Deception, Egyptian Romany).

14.3 Los productos del cobre y el bronce

James, Erman (Life in Ancient Egypt), Wilkinson, Gadalla (Historical Deception, Egyptian Romany, Egyptian Rhythm), Estrabón.

14.4 Los productos vidriados (cristal y vidrio)

James, Wilkinson, Gadalla (Historical Deception, Egyptian Romany), Erman (Life in Ancient Egypt), Firth.

14.5 Los productos de hierro

Wilkinson, Gadalla (Historical Deception).

14.6 La experiencia minera egipcia

Erman (Life in Ancient Egypt), James, Gadalla (Egyptian Romany), Estrabón.

14.7 Diferentes aplicaciones tecnológicas

Wilkinson, Erman (Life in Ancient Egypt), Gadalla (Historical Deception).

Capítulo 15: La infraestructura de transporte

15.1 General

Wilkinson, Erman (Life in Ancient Egypt), Gadalla (Historical Deception, Exiled Egyptians, Egyptian Romany).

15.2 Las embarcaciones egipcias

Erman (Life in Ancient Egypt), Wilkinson, Gadalla (Historical Deception, Egyptian Romany), Diodoro, Heródoto.

15.3 Principales puertos costeros egipcios

Erman (Life in Ancient Egypt), Wilkinson, Gadalla (Egyptian Romany), Heródoto, Estrabón, Baines.

15.4 Transporte terrestre

Wilkinson, Erman (Life in Ancient Egypt), Gadalla (Historical Deception, Exiled Egyptians), Baines.

15.5 Patronos y santuarios de viaje

Erman (Life in Ancient Egypt), Wilkinson, Gadalla (Divinidades egipcias, Egyptian Romany)

Capítulo 16: La economía de mercado

16.1 La economía de mercado

Erman (Life in Ancient Egypt), Wilkinson, Gadalla (Historical Deception, Egyptian Romany).

16.2 Transacciones comerciales

Erman (Life in Ancient Egypt), Wilkinson, Romant, Gardiner.

16.3 Exportaciones egipcias (bienes y servicios)

Wilkinson, Erman (Life in Ancient Egypt), Romant, James,

Gadalla (Historical Deception, Exiled Egyptians, Egyptian Romany).

16.4 *Importaciones egipcias*
Erman (Life in Ancient Egypt), Wilkinson, James, Gadalla (Historical Deception, Egyptian Romany, Exiled Egyptians).

16.5 *El apogeo y la decadencia del comercio internacional*
Gadalla (Egyptian Romany, Exiled Egyptians), Diodoro, Heródoto, prácticamente todas las referencias conducen a la misma conclusión, nunca aceptadas a causa del orgullo europeo defectuoso.